마법의 심리테스트
Real testing

나카지마 마스미 지음
이희정 옮김

이젠

| 들어가는 말 |

《마법의 심리 테스트 - Real Testing》은 앞서 출간된 《마법의 심리 테스트-Self Testing》, 《마법의 심리 테스트-Communication》에 이어지는 세 번째 시리즈이다.

"진지하기만 하면 지루하고 재미만으로는 뭔가 부족하다."고 느끼는 독자들을 위해서 '재미있고 도움이 되는 심리 테스트'를 선보인다는 발상은 이전 시리즈와 다르지 않다. 이번에는 개개인에 더욱 밀접한 테마를 골라 다 같이 떠들썩하게 즐길 수 있는 요소를 늘리면서, 또한 심리적인 응어리를 풀 수 있는 연습 문항을 제5장에 추가하였다.

제1탄이 "테스트가 잘 맞는다."라고 평판을 받기 시작하면서 그동안 "대체 무엇을 근거로 테스트를 만드나요?" 하는 질문을 많이 받았다. 이 책에 소개된 심리 테스트는 학구적인 심리학에서 나온 것이 아니며, 예로부터 전해지는 문학과 철학, 종교, 사상 속에 나타나는 인간상을 많이 참고하였다. 세상에는 격언과 우화, 옛날이야기, 절과 교회에서 행해지는 설교 등이 많다. 이러한 요소들에는 마음의 본질을 드러내는 진실이 잘 기록되어 있다고 생각한다.

그뿐 아니라 내가 참여하고 있는 성격 타입 연구에 관한 실천적인 워크숍에서 많은 사람들과 의견을 교환하거나 교류를 나누는 일이 보통 사람들의 공통된 심리를 발견하는 데 큰 단서가 되었다.

여기에 소개된 심리 테스트를 테스트라기보다 게임처럼 편하게 했으면 좋겠다. 즐기면서 하는 사이에 분명히 여러분 자신이나 주위 사람들에 대해서 새로운 점을 알게 될 것이다. 또 즐기면서 하는 게임이라고 해도 결과의 내용 때문에 마음이 덜컥 내려앉거나 아픈 데를 건드렸다고 느낄 수도 있을 것이다. 그럴 땐 조금 힘든 결과나 트레이닝이 될 수도 있겠다. 이 또한 내가 원하는 바이다.

마음은 근육과도 같다. 단련하면 탄력이 생기고 움직임도 가벼워지고 더 아름답고 강해진다.

―나카지마 마스미

| CONTENTS |

들어가는 말   2

제 1 장 지금, 내 속마음을 나도 알고 싶다!

Cartoon   때로는 자신의 내면을 들여다보자   10

TEST 01	비오는 날 창밖을 바라보는 여인	12
TEST 02	이것만은 버릴 수 없어!	16
TEST 03	산만한 사람의 위험을 피하는 능력은?	22
TEST 04	방이 지저분한데 친구가 온다면?	26
TEST 05	인기스타가 되고 싶은 펭귄	30
TEST 06	나쁜 남자·여자에게 빠지다?	34
TEST 07	폭우를 만나 흠뻑 젖는다면?	40
TEST 08	자유로운 해외여행, 누구랑 떠날까?	44
TEST 09	싹을 틔우려고 씨를 퍼트리는 방법은?	48
TEST 10	벼룩시장에서 마음에 드는 물건을 찾아냈다!	52
TEST 11	이 좋은 향기는 무슨 향일까?	56
TEST 12	지구의 생명력을 표현한 디자인은?	60

Column   '머리, 마음, 몸' 중에서 제일 발달한 곳은?   64

제2장 지금, 사람 사귀는 비결을 알려주마!

| Cartoon | 왠지 맘대로 안 되는 인간관계, 진짜 어려워! | 66 |

TEST 13	친구들과 1박 2일 드라이브 여행을 떠나다!	68
TEST 14	"친구야, 휴대전화로 사진 보내줘."	76
TEST 15	메시지의 답장이 언제 올까?	80
TEST 16	우연히 마주친 아는 사람은 누구?	84
TEST 17	직장 동료의 인간성을 알려주마!	91
TEST 18	연예인 커플을 인터뷰하다	98
TEST 19	애인의 지갑은 어느 것?	102
TEST 20	누가 내 험담을 하고 다닌다?	106
TEST 21	첫사랑의 이름을 기억하나요?	110
TEST 22	티슈 한 장을 어디에 쓸까?	115
TEST 23	놀아본 사람? 안 놀아본 사람?	118

| Column | 인간관계를 맺는데도 판단 기준이 있다! | 122 |

| CONTENTS |

제3장 심리 경향을 알면 실수 패턴에서 벗어난다

| Cartoon | 같은 잘못을 되풀이하는 것은 사랑 때문? | 124 |

TEST 24	어디를 제일 깨끗이 청소할까?	126
TEST 25	조난당한 여객선의 선장이라면?	130
TEST 26	나는 어떤 타입의 나르시시스트?	138
TEST 27	술에 취한 여자를 본다면?	142
TEST 28	고독이 밀려올 때, 콤플렉스가 꿈틀거린다!	146
TEST 29	도마 위의 생선이 살려면?	150
TEST 30	먼저 손 드는 사람이 임자!	154
TEST 31	바위에 핀 귀한 꽃을 꺾을까?	158
TEST 32	성공하는 커리어우먼은 어떤 점이 다를까?	162
TEST 33	축제에서 아이가 산 물건은?	170
TEST 34	운 좋은 사람? 운 나쁜 사람?	174

| Column | 남을 깎아내리면 자신의 수준이 올라간다? | 178 |

제4장 지금, 나를 바꾸면 세계가 달라진다

Cartoon	시점을 조금 바꾸면, 나도 세계도 바뀌는 법	180
TEST 35	초원 위 오도카니 있는 집	182
TEST 36	이 선물을 누가 보냈을까?	186
TEST 37	놀이공원에서 관람차를 타자!	190
TEST 38	식탁보를 무슨 색으로 바꿀까?	196
TEST 39	사랑의 문장을 완성한다면?	200
TEST 40	딱 내 타입과 잘될 자리는?	206
TEST 41	내 친구의 집은 어디일까?	210
TEST 42	떠돌이 기사, 용과 한판 붙다!	218
Column	친구와 정기적으로 '이야기 상담'을 하자!	226

| CONTENTS |

제5장 마음의 응어리를 푸는 심리 스트레칭

"자주 마음을 나누세요"   229

Stretch 01   둘만의 예술!   230
Stretch 02   나와 너를 바꾸는 긍정적인 사고   234
Stretch 03   이상적인 남자와 이상적인 여자   238
Stretch 04   부모와 배우자가 못해준 일   241
Stretch 05   나의 추도문을 써보자!   245
Stretch 06   치유를 위한 꾸깃꾸깃 그리기   248

거꾸로 찾아보기   252

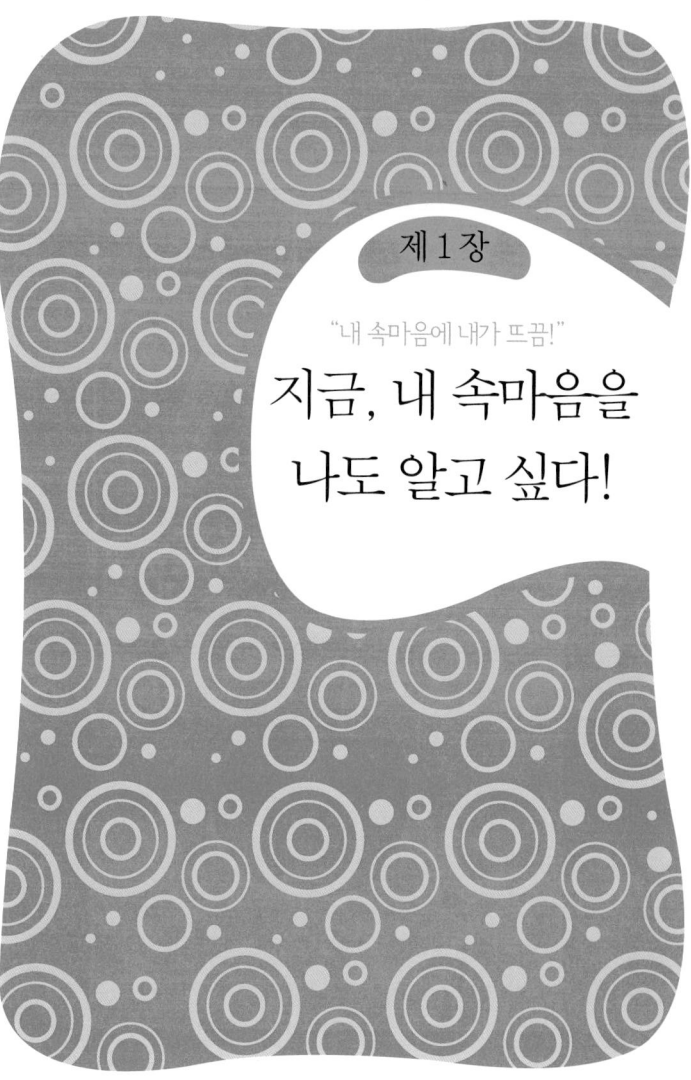

> "때로는 자신의 내면을 들여다보자."

기분이 우울해지거나 들뜨게 되면 몸도 마음도 수시로 달라지게 마련. 때로는 마음의 소리에 귀를 기울여 자기 자신을 다시 바라보자.

Test 01

비오는 날 창밖을 바라보는 여인

오랜만에 쉬는 날 아침부터 비가 내리고 있다. 이 여자는 창밖에 내리는 비를 바라보면서 무슨 생각을 할까? 다음 A~D 중에서 하나를 고른다면?

A '오늘은 아무것도 하고 싶지 않아. 친구랑 한 약속은 취소해야지.'

B '아~ 지루해. 어디 놀러 가고 싶다. 어디가 좋을까?'

C '그 사람 지금 뭐하고 있을까? 전화해볼까?'

D '빨래도 쌓여 있고 방 청소도 해야 되고. 이렇게 있으면 안 돼.'

Test 01 ;진단 결과

이 테스트에서는 현재 당신이 어떤 일에 불만스러워하는지를 알 수 있다. 비가 내리면 그날 행동에 제약을 받거나 예정했던 일을 부득이하게 변경하게 된다. 비오는 날에 무슨 생각을 하는지, 당신이 고른 여자의 기분에서 당신이 평소 품고 있는 불만의 원인을 알 수 있다.

주위에서 인정을 해주었으면. 하지만 그게 안 되니 불만!

당신은 자신이 생각하는 만큼 재능을 인정받지 못하고 좋은 평가를 받지 못해서 불만을 품고 있는 듯하다. 속으로 자신이 라이벌이라고 여기는 사람이 인기가 많은 모습을 보고 "왜 저런 사람이 인기가 많지?" "별 재능도 없는데." 하고 시기하거나 '다들 보는 눈이 없네.' 하며 생각하는 부분이 있을 듯. 사실은 자신이 주위 사람들에게 칭찬을 받거나 인기를 얻고 싶은 것은 아닐까?

이것저것 다 가졌으면. 하지만 가질 수 없으니 불만!

원하는 것을 바로 갖지 못하면 욕구불만을 느끼는 타입. 일과 일상생활에 얽매여 하고 싶은 것을 자유롭게 하지 못해도 불만스러워할 듯. 어쩌면 원하는 것과 정말로 필요한 것을 구별

하지 못하고 있을 수도. 어쩌면 남의 떡이 커 보이듯 다른 사람이 가지고 있는 것이 매력적으로 보여서 못 견디는 건 아닐까? 현재 상태에 만족하지 못하고 이것저것 다 원하는 욕심이 현재 당신이 느끼는 불만의 원인이 된 듯하다.

"고맙다."는 감사의 말을 들었으면. 그게 안 되니 불만!

당신은 주위 사람이 자신의 배려를 알아주지 않아서 불만을 가지고 있는 듯하다. 자신은 친구나 가족 한 사람 한 사람에게 신경을 쓰며 늘 상대방을 생각하고 그 사람이 기뻐할 만한 일을 해주는데, 생각만큼 상대에게서 감사의 말이나 인사말이 돌아오지 않아 화가 나는 듯하다. 당신은 사람들에게 "좋은 사람이네." "네 덕에 살았다."는 말을 듣고 싶은 것은 아닌지?

자신이 정한 규칙을 모두가 따라줬으면. 그게 안 되니 불만!

당신은 자신에 비해서 다른 사람들이 너무 느슨한 태도를 보여 불만스러운 듯. 나는 이렇게 열심히 하고 있는데 주위 사람들은 어쩜 이렇게 대충 하느냐며 비판적인 생각을 하는 경향이 있고, 평소에도 주위 사람들에게 조바심을 내지 않는지? 그러한 당신은 자신이 옳다고 생각하는 규칙을 모두가 따르길 바라는 생각이 강하다.

Test 02

이것만은 버릴 수 없어!

집안 대청소를 하는 중에 버릴까 말까 고민되는 물건이 몇 개 나왔다. 다음 A~G 중에서 당신이 마지막까지 버리지 못하는 물건을 하나 골라보자. 또한 처음에 버려도 괜찮다고 생각한 물건은 무엇인가?

A 책

B 옷

C 음식

D 장난감과 잡동사니

E 망가진 전자제품

F 가구

G 편지

Test 02 ;진단 결과

이 테스트에서는 현재 당신이 가지고 있는 자부심을 알 수 있다.

물건을 좀처럼 버리지 못하는 것은 애착과 고집이 있기 때문이다. 버리지 못하는 물건은 당신이 중시하는 것을 나타낸다. 마지막까지 버리지 못하는 물건으로 당신이 어떤 가치관에 집착하며 어떠한 자부심을 버리지 못하는지 알 수 있다. 또한 처음에 버려도 된다고 생각한 물건을 통해 자부심을 버림으로써 생기는 긍정적인 면을 알 수 있다.

선택한 사람

A '지적인 사람'이라는 자부심이 강한 사람

당신은 스스로를 남들보다도 지적이고 교양 있는 사람이라고 생각한다. 자신을 세상 사람들보다도 현명하고 분별 있는 사람이라고 생각하지 않는지? 그 자부심이 걸림돌이 되어 다른 사람들의 의견과 생각에 솔직하게 귀 기울이거나 새로운 발상을 받아들이기 어려운 면이 있다. 더욱 눈높이를 낮추고 "난 누구보다 현명해."라는 프라이드를 버려야 오히려 현명한 사람이 될 수 있을 것이다.

★처음에 책을 버리려고 한 사람은 좋은 의미에서 잘난 척하지 않고 자신을 낮출 수 있는 사람이다.

'나는 최고'라는 자기 이미지가 자부심으로

당신은 자기 나름의 스타일과 '최고의 내 모습은 이런 것'이라는 이미지에 맞춰 행동하는 면이 있어 '나는 이런 사람'이라는 자기 이미지 그 자체가 프라이드가 된 듯싶다. 사실 그 배경에는 있는 그대로의 자기 모습을 남들에게 내보이는 것이 부끄럽다는 심리가 작용하는지도 모른다. 그 때문에 잘난 척하고 실제 이상으로 잘 보이려고 하지 않는지? 하지만 자연스러운 모습이 더 매력적으로 보일 수 있다.

★처음에 옷을 버리려고 한 사람은 겉치레에 신경 쓰지 않는데, 그 때문에 창피를 당하는 일이 벌어져도 두려워하지 않는다.

'현재 내 생활에 문제없다'는 자부심이 강한 사람

당신이 못 버리는 것은 '나는 아무런 문제도 없는 순조로운 인생을 보내고 있다'는 프라이드. 경제적으로 안정된 생활을 하고 자신과 가족이 문제없이 생활하는 것을 자랑스러워하는 듯하다. 새로운 일에 도전하거나 조금 모험을 해보려고 하는 마음은 좀처럼 생기지 않는다. 하지만 변화를 받아들이고 새로운 일에 도전하는 데 중요한 호기심이 없으면 실제 나이보다 빨리 늙어갈지도 모른다.

★처음에 음식을 버리려고 한 사람은 방어적이지 않고, 여러 가지 문제나 사건들에 융통성 있게 대처할 수 있는 사람이다.

Test 02 ;진단 결과

선택한 사람

D '내 세계가 전부'라는 생각이 자부심으로

아직 어른이 되지 못하고 아이 같은 천진난만한 마음을 지닌 사람인 듯. 이것은 달리 말하면 상식이 없다는 뜻이 될 수도 있다. 당신이 버리지 못한 것은 자신의 세계가 전부라고 생각하는 어린아이 같은 자기중심적인 발상. 그런 당신은 사람들이 비상식적인 사람이나 별난 사람이라고 여겨 아무렇지 않을지도 모른다. 자신의 세계를 이해해줄 사람하고만 잘 어울릴 수 있으면 그것으로 만족할 것이다.

★처음에 장난감과 잡동사니를 버리려고 한 사람은 자기중심적인 생각을 누르고 늘 어른처럼 행동하려고 하는 사람이다.

선택한 사람

E '나는 냉정한 사람'이라는 자부심이 강한 사람

자신은 모든 일에 냉정하고 침착하게 대처할 수 있다는 생각이 강한 사람이다. 바로 감정적이 되는 사람이나 어리석은 행동을 하는 사람을 마음속 어딘가에서 깔보는 면도 있다. 그리고 자신은 남들이 쉽게 이해할 수 있는 사람도 아니며, 그렇다 해도 그다지 상관없다는 생각이 있는 듯하다. 당신이 버리지 못한 것은 자신과 다른 사람들 사이에 있는 보이지 않는 마음의 벽이다.

★처음에 전자제품을 버리려고 한 사람은 분노와 슬픔이라는 자신의 감정을 솔직히 표현하고 그 감정을 풀 수 있는 사람이다.

'나는 상식적인 사람'이라는 자부심이 강한 사람

자신은 상식이 있는 사람이라고 생각하는 타입. 자신의 가치관은 세상의 상식을 대표하고 있고, 그 가치관에 맞지 않는 상대방은 비상식적이라고 생각하는 경향이 있다. 그러한 당신이 버리지 못하는 것은 '나는 옳다'는 자의식과 자부심. 하지만 자신은 상식이라고 생각하지만 사실은 고정관념과 편견에 근거한 관점이 의외로 많을 것이다.

★처음에 가구를 버리려고 한 사람은 고정관념과 편견에 사로잡히지 않고 사물을 볼 줄 아는 사람이다.

'나는 잘못된 일을 한 적이 없다'는 자부심이 강한 사람

당신은 '나는 잘못된 일을 한 적이 없으며 올바른 방식을 알고 있다.'고 생각하는 사람으로 '나는 올바른 사람이다'라는 자부심을 버리지 못하는 듯하다. 남들이 하는 것을 보고 나라면 더 잘할 수 있을 것이라는 생각에서 더러 참견하고 싶어 하는 면도 있다. 그런 반면 자신이 못하는 일이 생기면 변명이 많아진다.

★처음에 편지를 버리려고 한 사람은 남에게 자신의 의견과 생각을 강요하지 않고, 다른 사람의 의견과 생각을 수용할 줄 아는 사람이다.

Test 03

산만한 사람의 위험을 피하는 능력은?

다음 ① ~ ⑭까지의 항목에서 최근의 자기 모습을 설명하는 문항을 골라보자. 그리고 체크하기가 끝나면 해당하는 문항의 개수를 합해 보자.

- ① 걸으면서 휴대전화로 통화하는 일이 많다.
- ② 모르는 것은 스스로 알아보기보다는 얼른 남에게 묻는다.
- ③ 집에 들어가면 바로 텔레비전의 전원을 켜고, 그대로 계속 켜둔다.
- ④ 사람들이 붐비는 길거리를 지나갈 때 사람들과 잘 부딪친다.
- ⑤ 책을 읽기 시작하면 마지막까지 다 읽지 못하고 도중에 포기해 버리는 일이 많다.
- ⑥ 남의 이야기를 듣다가 문득 다른 생각을 하는 일이 많다.
- ⑦ 무슨 일이든지 하지 않고 가만히 앉아 있으면 불안해진다. 아니면 바로 졸린다.
- ⑧ '그 사람에게 그런 말을 들으면 이렇게 말해야지.' 하고 미릿속으로 상상의 대화를 하는 일이 많다.

- ⑨ 아무 소리도 안 나고 주위가 쥐 죽은 듯이 조용하면 오히려 불안하다.
- ⑩ 회의나 모임 등에서 사회자나 누군가가 이야기하고 있을 때 주위 사람에게 말을 건다.
- ⑪ 자신의 몸을 보고 "왜 여기가 긁히고 멍이 생겼지." 하고 나중에 아는 경우가 있다.
- ⑫ 일이나 공부 때문에 책상과 마주하고 있어도 바로 산만해져서 쓸데없는 잡일이나 기분전환에 시간을 보낸다.
- ⑬ 중요한 이야기를 놓쳐버리거나 잘못 듣는 경우가 잦다.
- ⑭ 걱정이 많고 늘 뭔가 근심거리를 가지고 있다.

해당 문항의 합계

개

Test 03 ;진단 결과

이 테스트에서는 지금 당신에게 얼마나 빈틈이 있는지를 알 수 있다. 머릿속의 '산만함'이란 공상을 하거나 뭔가를 생각하는 등 머릿속에 잡념이 생기는 것이 어느 정도인지를 가리킨다. 이 테스트에서는 당신의 머릿속이 얼마나 복잡한지에 따라 빈틈의 유무와 위험을 피하는 능력을 진단할 수 있다.

10개 이상 선택한 사람

'위험을 피하는 능력 20%.' 커다란 빈틈 발견!

당신의 머릿속은 잡념으로 가득하다. 불안해하며 진정하지 못하고 흘러든다가 생각지 못한 사고나 사건에 휘말릴 가능성도 있다. 교통량이 많은 도로나 밤길을 걸을 때는 조심할 것. 또 업무상 부주의도 조심할 것!

7~9개 선택한 사람

'위험을 피하는 능력 40%.' 약간의 빈틈 발견!

당신은 때때로 머릿속의 잡념에 정신을 빼앗겨 "그만 깜빡했네." 하는 경우가 있을 듯하다. 앞에서 오는 사람을 알아차리지 못하고 부딪치거나, 날치기 등 생각지도 않은 사건에 휘말려도 이상할 게 없다. 나중에 후회해도 소용없는 일이 생기지 않도록 눈앞의 현실로 자신의 의식을 되돌리자.

4~6개 선택한 사람

'위험을 피하는 능력 70%.' 별로 빈틈없음!

당신은 머릿속의 잡념에 별로 정신을 빼앗기는 일이 없으며, 눈앞의 현실에 시선을 돌릴 수 있는 사람인 듯하다. 부주의하여 일어나는 사고나 업무에서 실수가 적어 문제를 일으킬 만한 사람이나 위험한 상황은 피할 수 있을 것 같다.

3개 이하 선택한 사람

'위험을 피하는 능력 90%.' 빈틈 전혀 없음!

머릿속의 잡념을 가라앉히고 눈앞의 사건에 의식을 집중할 수 있는 사람이다. 늘 차분하고 현실 문제에 대처할 수 있어 부주의하여 발생하는 사고나 트러블과는 무관할 것이다. 감각적이면서 비교적 민감하여 위험한 인물이나 수상쩍은 사람을 직관적으로 꿰뚫어본다.

ONE POINT ADVICE

머릿속에 잡념이 많으면 멍하니 공상의 세계에 빠지거나 '몸은 지금 여기에 있어도 의식은 저 멀리로' 가게 되어 현실에서 일어나는 일에 주의를 기울이지 않게 된다. 그 결과 허점투성이가 되어, 본능적인 직감이나 의식이 예민한 상태에서는 피할 수 있는 위기도 깨닫지 못하고 사고나 트러블 등에 쉽게 휘말린다. 머릿속의 불안을 진정시키려면 하루에 5분 정도라도 괜찮으니 명상의 시간을 가지면 좋을 것이다.

Test 04

방이 지저분한데 친구가 온다면?

휴일 오전. 늦잠을 잔 당신에게 친구가 전화를 걸어 "오후에 놀러 가도 돼?" 하고 말한다. "그래." 하고 대답했지만 당신의 방은 지저분해 발 디딜 곳이 없을 정도. 이때 당신은 어떻게 할 것인가?

A 보이는 곳만 서둘러서 방을 요령껏 정리해둔다.

B 방 구석구석까지 청소기를 돌려 가능한 한 깨끗하게 정리해둔다.

C 친구니까 괜찮겠지 하며 지저분한 상태라도 신경 쓰지 않고 집에 오게 한다.

D "밖에서 만나자."며 커피숍이나 다른 곳을 권한다.

Test 04 ;진단 결과

이 테스트에서는 지금 당신이 인생에서 간과하기 쉬운 것을 알려준다. 방 정리 방법은 당신이 인생을 받아들이는 방식을 나타낸다. 어떤 방법을 선택했는지에 따라서 실제로 당신이 인생에서 무엇을 간과하는 경향이 있는지 알 수 있다.

겉모습과 지위에 매여 '눈에 보이지 않는 가치'를 놓치고 있다

당신은 눈에 보이는 것만 가지고 사람의 가치를 평가하는 면이 있어서 물질적인 가치관에 지배되기 쉽다. 겉모습이나 몸에 걸치는 것으로 사람을 평가하고, 지위나 신분, 학력, 경제력 등으로 다른 사람을 판단하지는 않는지? 당신이 쉽게 간과하는 것은 성실함이나 성품, 정신이라는 '눈에 보이지 않는' 것의 가치이다.

자신을 믿는 마음이나 용기를 놓치고 있다

당신은 좀처럼 스스로를 믿지 못하고 자신 이외의 무언가에서 의지할 만한 것을 찾는 면이 있다. "나는 이렇게 할 거야." "난 이렇게 생각해."라는 자기 나름의 신념이나 가치관을 가지지 못하고, 주위 사람의 가치관에 맞추거나 주위의 기대에 따르는 행동을 하려고 하는 면이 있지는 않는지? 당신이 간과하기 쉬운 것은 자기 자신을 믿는 마음, 결단을 내리는 용기이다.

'사람은 서로 도우며 살아간다'는 점을 놓치고 있다

당신은 매사에 꼼꼼하게 신경을 쓰는 것 자체를 귀찮아하는 사람이다. 특히 인간관계에서 그렇게 생각하는 경향이 있어서 별로 남들에게 기대지 않고 뭐든지 스스로 하려는 면이 있다. 그리고 남이 도와주지 않아도 자신은 혼자서 해낼 수 있다고 생각하는 면도 있는 듯하다. 당신은 자신의 삶이 주위 사람들에 의해 유지되고 있으며 그들의 도움을 받고 있다는 사실을 쉽게 간과하고 있는 듯.

'중요한 일을 회피하는 나'를 간과하고 있다

당신은 번거로운 일은 가능한 한 피해가려고 하는 마음이 남들보다 강하다. 겉으로는 적극적인 사고방식으로 자신은 모든 일을 긍정적으로 파악하고 있다고 생각할지 모르지만, 실제로는 문제 그 자체를 직시하고 싶지 않아서 단지 귀찮다는 이유로 그것을 을 뒤로 미루려 하는 것은 아닌지? 당신이 간과하기 쉬운 점은 좀처럼 중요한 일을 시작하려고 하지 않는 자기 자신이다.

Test 05

인기스타가 되고 싶은 펭귄

동물원에서 지금까지 있는 듯 마는 듯했던 바다표범이 갑자기 인기 스타가 되었다. 그 광경을 본 펭귄은 부러워하면서 중얼중얼 혼잣말을 했다. 펭귄은 무슨 말을 했을까?

Test 05 ;진단 결과

이 테스트에서 알 수 있는 것은 지금 자신의 진실된 감정을 어떻게 대하는가이다.

친구들이 성공한 모습을 마주했을 때의 기분에는 복잡함이 숨어 있다. 여기서는 어떤 말을 골랐는지에 따라 당신이 평소 마음속에 솟아오르는 진심과 감정들을 어떻게 대하고 있는지 알 수 있다.

부정적인 감정을 억누르고 긍정적인 감정만 밖으로 드러내는 타입

자신 속의 부정적인 감정을 보지 않으려고 하는 사람. 특히 누군가를 싫어하면 꺼리는 마음이 있어도 그러한 마음을 가져서는 안 된다고 자신을 타이르며, 그 사람에게도 좋은 면이 있을 것이라 생각하려고 한다. 또한 자신 안에 내재한 '힘들다' '고통스럽다'라는 감정을 인정하려 하지 않고 '기쁘다' '즐겁다'라는 좋은 감정만을 표현하려고 할 것이다.

행복한 기분에 빠지지 못하고 기쁨을 솔직하게 표현하지 못하는 타입

행복한 기분과 감정에 빠지지 못하는 사람. 한순간 행복하다고 생각하는 때가 있어도 그 기분이 오래 지속되지 못하고,

자신에게는 우울함이 더 어울린다고 생각하는 면이 있는 듯하다. 왠지 우울한 기분으로 있을 때가 자신답다고 생각한다. 실제로 매우 기쁠 때에도 그 감정을 그대로 겉으로 드러내지 않는 면이 있다.

상처 입는 것을 두려워해 솔직한 기분을 표현하지 않는 타입

자신에게 감정이라는 것은 거추장스러운 것이며, 쓸데없는 감정은 없는 편이 낫다고 생각하는 사람. 따뜻함이나 개인적인 끈적끈적한 감정은 겉으로 드러내지 않고 괜히 강경한 태도를 취하고 있는 것은 아닐까? 감정을 표현하면 자신의 약한 부분을 드러내는 것이라고 생각하는지도 모른다. 하지만 그런 마음은 당신이 알아차리지 못하지만 상처받기를 두려워하는 순수함에서 오는 듯하다.

상승 욕구가 에너지의 원천. 자신감 부족은 무시하는 타입

'남보다 뛰어나고 싶다.'는 강한 의지와 경쟁심을 에너지로 바꿔 자신을 격려하고 행동으로 이어갈 수 있는 사람. 그런 반면에 불안이나 외로움, 자신감 결여, 다른 사람과 친밀하게 지내고 싶은 욕구 등은 행동의 에너지를 방해하는 부정적인 감정으로 생각하여 무의식적으로 차단하고 안 보려고 하는 면이 있는 듯하다.

Test 06

나쁜 남자 · 여자에게 빠지다?

애완동물을 키우는 테스트이다. 상상력을 발휘하여 '예', '아니오'의 지시를 따라가면 한 애완동물이 나온다. 당신은 어떤 애완동물을 키우게 될 것인가?

Q1
그 애완동물은 안고 있으면 얌전히 있다.

예 ⇨ Q3 으로

아니오 ⇨ Q2 로

Q2
때로는 물 때도 있다.

예 ⇨ Q8 로

아니오 ⇨ Q4 로

Q3
자면서 자주 꿈을 꾸는 것 같다.

예 ⇨ Q5 로

아니오 ⇨ Q4 로

Q4
늘 건강하고 컨디션이 좋아 거의 병에 걸리지 않는다.

예 ⇨ Q7 로

아니오 ⇨ Q6 으로

Q5
가리는 음식이 있어 꽤 돈이 든다.

예 ⇨ Q6 으로

아니오 ⇨ Q10 으로

Q6
신경 쓰지 않으면 날개가 돋아 날아가 버리는 일이 있다.

예 ⇨ B 타입

아니오 ⇨ C 타입

Q7
장난치며 놀기를 굉장히 좋아한다.

예 ⇨ D 타입

아니오 ⇨ C 타입

Q8
모르는 사람은 따르지 않는다.

예 ⇨ Q9 로

아니오 ⇨ Q7 로

Q9
여행지에 데리고 가면 좋아한다.

예 ⇨ D 타입

아니오 ⇨ E 타입

Q10
겨울잠을 잔다.

예 ⇨ A 타입

아니오 ⇨ B 타입

Test 06 ;진단 결과

이 테스트에서는 지금 당신이 빠지기 쉬운 나쁜 남자, 나쁜 여자 타입을 알려준다.

당신이 떠올린 애완동물에서 당신이 어떤 남자 혹은 여자를 바라는지를 알 수 있다. 그리고 그를 통해 당신이 빠지기 쉬운 나쁜 남자, 나쁜 여자 타입을 알 수 있다.

타입

돈에도 연애에도 느슨한 타입을 조심하라!

움직임이 둔한 털북숭이 애완동물이 걸렸다. 이 애완동물을 기르는 당신은 무슨 일을 하든 칠칠치 못하고 맺고 끊는 것이 불분명한 이성에게 쉽게 끌린다. 얼핏 보면 포용력이 있고 선량한 듯 보이지만 사실은 칠칠치 못한 것으로 자신의 행동에 대한 책임감이나 윤리관이 없다. 또 당신 이외의 사람이 유혹하면 아무렇지 않게 바람을 피우고 만다. 금전적인 면에서도 욕심이 없어 보이지만 그것도 금전관리가 헤픈 것일 뿐이다. 그런데 당신은 계속 이런 타입과 관계를 끌고갈 가능성이 있다.

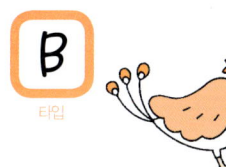

B 타입

자기중심적이고 나르시스트적인 타입을 조심하라!

조금 특이한 날개를 가진 새 종류의 애완동물을 키우는 당신은 왕자병이나 공주병, 자기도취적인 사람에게 빠지기 쉽다. 얼핏 섬세하고 마음이 통하는 듯하지만 사실은 자신밖에 생각하지 않는 타입에게 끌린다. 자존심이 세고 기분파에다 과장된 면이 있는 아니꼬운 남자나, 툭하면 사소한 일에 감정적으로 행동하거나 자신을 비극의 여주인공인 양 생각하는 여자. 당신은 그런 타입의 남녀에게 농락당할 가능성이 있다.

C 타입

겉보기에 싹싹하지만 계산적인 타입을 조심하라!

당신이 고른 애완동물은 반짝반짝 빛나는 메달을 목에 건 동물. 당신은 겉모습에 완전히 속아 당신을 사랑하지 않는 이성에게 끌리기 쉽다. 얼핏 보면 능력 있어 보이는 남자나 매력 넘치는 여자로 보이지만, 실제로 사귀어보면 어딘가 차갑고 계산적인 면이 있는 타입이다. 자신의 이익을 위해서는 아무렇지 않게 연인을 버릴 수 있는 상대방 때문에 힘든 일을 당하게 될지도 모른다.

Test 06 ;진단 결과

D 타입

같이 있으면 즐겁지만 플레이보이나 낭비벽이 있는 타입을 조심하라!

장난을 좋아하는 몸집이 작은 애완동물을 기르는 당신은 특별히 나쁜 사람은 아닐지라도 놀기 좋아하고 낭비하는 습관이 있는 이성에게 끌리기 쉽다. 얼핏 보면 밝고 활동적이며 같이 있으면 즐거운 상대이지만, 둘의 관계에 대해서 그다지 진지하게 생각하지 않아서 기회만 있으면 바로 다른 사람에게 눈길을 돌리는 타입의 연인이다. 게다가 돈 씀씀이가 헤프고 계획성이 거의 없다. 당신은 바람기가 다분하고 경박한 면이 있는 그런 이성에게 휘둘릴지도 모른다.

E 타입

육체적인 관계만 원하고 마음을 나누지는 않는 타입을 조심하라!

아주 사나운 애완동물을 골랐다. 이 애완동물을 기르는 당신은 터프하고 든든한 남자나, 남자 못지않게 씩씩하거나 시원시원한 성격으로 남자들에게 알랑거리지 않는 여자에게 관심이 있는 듯. 그런 당신에게 얼핏 일편단심인데다 정열적이며 섹시한 매력이 있지만 사실은 섹스에만 관심이 많은 남자나, 따뜻함이란 눈곱만큼도 찾아볼 수 없는 여자가 걸릴지도. 그리고 서로의 마음을 나누는 대화를 하고 싶어도 바로 "그렇게 시끄럽게 떠들어댈 거면 헤어지자." 하고 위협하는 상대방에게 당신은 공허함을 느낄 듯하다.

매우 자기중심적인 성격이거나 자립심도 없고, 혹은 금전감각이나 인간관계에 대한 상식이 없거나, 어딘가 평범하지 않은 성격과 사고의 소유자로서 사귀는 사람을 휘두르고 상대에게 많은 상처를 안겨주는 '나쁜 남자, 나쁜 여자'. 그들은 그런 극단적인 성격 때문에 연인으로서 처음에는 보통 사람보다 매력적으로 다가온다. 하지만 오래 지속할 수 있는 관계로 발전하기는 어려울 것이다.

나쁜 남자, 나쁜 여자에게 빠지지 않기 위해서는 처음부터 계속 일 대 일로 만나지 말고 가능한 한 친구들이나 주위 사람들에게 소개하고 여럿이 만나는 모임으로 이끌어야 한다. 그렇게 하면 주위 사람들이 세세히 평가하여 정말로 당신에게 어울리는 사람인지 아닌지 충고해줄 것이다. 일 대 일로만 만나려고 하는 사람이나, 당신의 친구나 주변 사람을 만나고 싶어 하지 않으면서 그 사람들과 잘 어울리지도 못하는 사람은 조심할 것!

Test 07

폭우를 만나 흠뻑 젖는다면?

날씨가 좋아서 우산을 챙기지 않고 외출했다가 갑자기 큰비를 만났다. 온몸이 흠뻑 젖은 당신이 맨 먼저 말리고 싶다고 생각한 부분은 어디인가? 다음 A~C 중에서 하나 골라보자.

ⓐ 머리와 머리카락

ⓑ 옷과 상반신

ⓒ 신발과 발

Test 07 ;진단 결과

이 테스트에서는 지금 아무에게도 들키고 싶지 않은 당신의 속마음을 알려준다.

젖으면 기분이 좋지 않은 신체 부위는 당신이 자주 의식하는 곳. 당신의 강한 면이자 약한 면이기도 하다. 약한 면에 초점을 맞추면 거기에서 당신이 아무에게도 보이고 싶지 않은 속마음을 진단할 수 있다.

선택한 사람

A 머릿속으로 생각하는 이상한 공상이나 불안감, 의심 등을 들키고 싶지 않아!

당신이 남에게 알리고 싶지 않은 면은 머릿속에 떠오르는 생각인 듯하다. 이를테면 누군가에게 들키면 "미친 거 아냐?" 하는 소리를 들을 것 같은 이상한 공상이나 어린아이 같은 불안감 혹은 사람에 대한 의심 등이다. 때로는 친한 사람에 대해서도 '완전 바보 같아.' '멍청하기는.' 이런 생각을 하지는 않는지? 하지만 당신은 그러한 생각을 겉으로는 전혀 드러내지 않는다.

가족이나 자기 자신의 부끄러운 면은 일단 숨기고 싶어!

당신이 남에게 알리고 싶지 않은 것은 자신이 수치스럽게 생각하는 부분이다. 특히 사생활과 관련된 부분, 예를 들어 가족과 자기 자신에 관한 것으로 남들에게 알려지면 창피하다고 생각하는 것은 설령 친한 친구 사이에도 이야기하지 않고 마음 깊숙한 곳에 숨겨두는 면이 있다. 어쩌면 그것은 당신의 일방적인 예단에 지나지 않으며, 남들이 안다 해도 아무렇지 않게 생각할지도 모른다.

몸상태가 나쁘거나 불쾌한 기분은 얘기하기 싫어!

아무튼 당신은 몸 컨디션이나 불편한 기분을 남에게 알리고 싶지 않아 한다. 조금 컨디션이 좋지 않아도 다른 사람들 앞에서는 아무렇지 않은 표정을 짓거나, 또 누군가로 인해 불쾌한 일이 있어도 분노나 불쾌감을 억누르려고 하는 편이다. 하지만 주위 사람들이 그 분위기를 알아차리고 "왜 그래?" "괜찮아?" "화났어?" 하고 물어보면 당신은 점점 "아니, 아무것도 아냐." 하고 고집을 부린다.

Test 08

자유로운 해외여행, 누구랑 떠날까?

모처럼 열흘 정도의 자유시간을 얻어 해외여행을 떠나기로 했다. 이때 당신은 어떤 여행을 하겠는가? 다음 A~D 중에서 하나를 골라보자.

Ⓐ 나 홀로 여행

Ⓑ 가족 여행

Ⓒ 친한 친구와 떠나는 여행

Ⓓ 단기 유학이나 홈스테이

Test 08 ;진단 결과

이 테스트에서는 지금 당신이 직면하고 있는 마음의 전환기를 알려준다. 여행은 그 사람의 시야를 넓히는 것. 하지만 여행을 떠나려면 일상생활을 잠시 접어야 한다. 이 테스트로 당신이 현재 어떤 변화를 바라는지, 마음이 어떤 전환기로 접어들었는지를 알 수 있다.

선택한 사람

자기 자신을 되돌아보며 인생을 재고하고 싶을 때

세상 밖 소식이나 다른 사람에 대한 일보다도 자신의 내면에 관심이 가는 시기이다. 지금 당신에게는 '내 삶이 이렇게 흘러가도 괜찮을까?' '나는 무엇을 위해 살아가고 있을까?' 하는 의문이 생겨 지금까지 살아온 인생을 다시 바라보고 싶은 생각이 강해진 듯하다. 또는 평소의 자신을 '실제의 나'가 아니라 임시방편으로 살아가는 '거짓된 나'라고 생각하는 면이 있다.

선택한 사람

피곤한 인간관계에서 우선 해방되고 싶을 때

일상의 긴장감에서 해방되어 느긋해지고 싶은 마음이 강한 시기이다. 당신은 평소에 속마음과 의례적인 인사말을 잘 가려 쓰면서 회사에서는 좋은 직원으로서 일하고, 동료들에게는 좋은 친구의 모습을 연기하느라 인간관계에 무척 신경 쓰는 면이 많지는 않은지? 그런 당신은 지금 진심으로 편해질 수 있고 응석도 받아주는 가족 같은 친밀한 인간관계를 바라는 듯하다.

일의 중압감이나 인간관계의 굴레에서 도망치고 싶을 때

지금 당신은 많은 굴레에서 해방되어 인생을 맘껏 즐기고 싶은 마음이 강해진 시기이다. 책임감이 막중한 일은 되도록 피하여 일이나 인간관계의 구속에서 벗어나 좀 더 자유롭게 살고 싶은 욕구가 강해진 듯하다. 혹은 이제까지 참아왔던 여러 일이 한계에 달해 '내 맘대로 살 거야.' 하는 생각이 든 시기일지도.

꿈이나 목표에 도전하고 싶은 생각이 가득할 때

전부터 하고 싶었던 일을 지금 꼭 해내고 싶다. 그리고 그 일로 남에게 인정받고 싶은 마음이 강해진 시기이다. 특히 일이나 사업에서 자신이 정한 목표를 달성하고 싶은 야심만만한 생각이 강한 듯하다. 따라서 지루한 인간관계를 멀리하고 자신을 위하는 일에만 집중하고 싶은 생각이 든다.

Test 09

싹을 틔우려고 씨앗을 퍼트리는 방법은?

어떤 식물의 씨앗이 땅에 떨어졌다. 이 씨앗이 싹을 틔우기 전에 적절한 환경으로 옮겨가기 위해서는 어떤 방법이 제일 좋을까? 다음 A~C 중에서 하나를 골라보자.

A 작은 새한테 먹혀서 다른 곳으로 옮겨간다.

B 동물의 몸에 붙어서 옮겨간다.

C 바람을 타고 옮겨간다.

Test 09 ;진단 결과

이 테스트에서는 현재의 자신을 바꾸고 싶어하는 마음을 알 수 있다.

우리의 마음속에는 늘 자신을 바꾸고 싶어하는 마음과, 그렇게 쉽게는 달라지지 않을 것이라거나 바꾸고 싶지 않다는 상반된 마음이 있다. 이 테스트에서는 지금 당신이 자신을 어떻게 바꾸고 싶어하는지, 또 실제로 변하고 있는지를 알 수 있다.

선택한 사람

늘 자신을 바꾸고 성장시키려는 타입

시대의 변화나 주위의 상황에 맞춰서 곧잘 자신을 변화시켜 가는 타입이다. 지금까지 쌓아온 많은 경험과 지식을 살리면서도, 그것에만 집착하지 않고 새로운 일에 선뜻 도전하고 매진할 수 있을 것이다. 업무적인 면에서는 평상시에 갈고 닦은 융통성 있는 대처법으로 변화를 성장으로 이어갈 수 있는 사람이다.

선택한 사람

자신을 바꾸려는 시도조차 하지 않다가 힘든 일을 겪으면서 경험으로 배우는 타입

'나는 이런 사람'이라는 자신에 대한 고집이 강하여 좀처럼 자신을 바꾸지 못하는 타입이다. 또한 바꿀 필요도 없다고 생각하는 면도 있다. 자신이 먼저 달라지기보다 오히려 주위 사람과 자신을 둘러싼 환경을 우선 바꾸고 싶어하는 마음이 강할지도 모른다. 그러한 당신이 변화할 때는 특별히 힘든 일을 극복하는 경험을 겪으면서 성장하게 될 것이다.

달라지기 이전에 자기 자신을 잘 모르는 타입

실제로 자신이 어떤 사람인지 잘 모르는 사람이다. 자신을 바꾸려고 하기보다 오히려 자신이 어떤 사람인지 알고 싶다는 생각이 더 강할지도. 그런 당신은 언제까지나 어른이 되지 못하고 오히려 성장을 거부하며, 영원히 청춘으로 살고 싶다는 마음이 강하다.

ONE POINT ADVICE

우리는 자칫 한 가지 사고방식이나 행동 패턴에 빠지기 쉽다. 평상시와 조금 다른 생각을 해보고 새로운 방식을 시도해보는 것은 시야를 넓히고 자신을 성장시키는 기회가 될 수 있다.

Test 10

벼룩시장에서 마음에 드는 물건을 찾아냈다!

벼룩시장으로 쇼핑하러 갔다. Q1과 Q2의 각 상황에서 당신의 마음을 움직인 것은 A, B 두 가지 중 어느 것인가?

Q1

어느 가게에서 예쁜 티셔츠를 찾아냈는데 옆 가게를 보니 똑같은 옷이 있다. 가격 흥정을 하는 당신에게 두 가게 주인이 각각 대답했다. 당신은 어느 가게에서 사겠는가?

A "가격을 깎아줄 수는 없지만 덤으로 뭐 하나 줄게요."

B "덤으로 다른 걸 줄 순 없지만 가격을 깎아줄게요."

Q2

어느 가게 앞에 멈춰 선 당신은 가게 주인에게 "이거 전부 ○○○인가요?" 하고 확인했다. 가게 주인이 "전부 ○○○이에요." 하고 대답해서 당신은 그 물건을 사기로 했다. 가게 주인은 뭐라고 대답했을까?

A "전부 새 거예요."

B "전부 수제품이에요."

Test 10 ;진단 결과

이 테스트에서는 지금 당신이 바라는 사랑의 자극과 사디스트·마조히스트 자질을 알 수 있다.

Q1~Q2의 두 테스트에서는 지금 당신이 어떠한 사랑의 자극을 원하고 있는지 또한 비뚤어진 사랑의 덫에 빠지면 마조히스트가 되는지, 사디스트가 되는지를 알 수 있다.

Q1 싸게 해주는 것과 덤 중에서 어떤 것을 고르느냐에 따라 당신이 연애할 때 어떤 자극을 원하는지 알 수 있다.

A를 선택한 사람 – 즐긴다는 생각에 딴 곳으로 쉽게 눈길을 돌리는 바람둥이 타입

연애에서 가벼운 자극을 바라는 사람이다. 즐긴다는 생각으로 많은 사람들과 사귀고 싶어하며, "이 사람이 아니면 저 사람."이라는 가벼운 마음으로 한 사람에게 그다지 집착하지 않는다. 자기 이상형도 까다롭지 않으며 그때그때 느낌이 괜찮으면 어떤 타입이든 오케이하는 유형이다.

B를 선택한 사람 – 바로 뜨거워지고 곧 식어버리는 타입

강한 사랑의 자극을 원하는 사람이다. 좋아하게 되면 처음 만난 당일 몸도 마음도 하나가 되고 싶어하는 강한 충동에 사로잡히는 타입이다. 그리고 한 사람을 사랑하면 다른 사람에게는 눈길도 주지 않는다. 하지만 둘의 관계가 안정되면 자극이 없어져 급속도로 관계가 식을지도 모른다.

 새 것과 수제품 중 어느 것을 고르느냐에 따라 연애를 하는 당신이 사디스트 타입인지 마조히스트 타입인지 알 수 있다.

A를 선택한 사람 - 사랑의 노예보다는 주인이 되고 싶다

신제품을 고른 당신은 새로 만난 사람에게 더 설렘을 느끼는 타입. 과거의 일은 색바랜 추억에 지나지 않으니 헤어진 사람과는 다시 만나고 싶어하지 않는 듯. 그런 당신은 사랑의 노예가 되기보다는 자신이 주인이 되고 싶어하는 사람이다. 상대방에게 잔인하게 굴고 괴롭히면서 좋아하는 타입인 듯하다.

B를 선택한 사람 - 연인에게 정성을 다하며 기쁨을 느끼는 사랑의 노예

수제품을 좋아하는 당신은 사랑하는 사람과 마음이 이어져 있는지를 항상 느끼고 싶어하는 사람. 사랑하는 사람에게 온 힘을 기울이고, 설령 헤어진 연인일지라도 생각날 때마다 사랑스러운 마음이 든다. 그런 당신은 상대방에게 정성을 다하는 것을 기꺼이 여기는 사랑의 노예. 힘들어도 그것이 쾌감으로 바뀌는 마조히스트 타입인 듯하다.

Test 11

이 좋은 향기는 무슨 향일까?

비누인지 방향제인지 잘 알 수 없지만 아주 향기로운 물건이 있다. 당신은 그 향에 넋을 잃고 말았다. 그것은 어떤 향이었을까? 다음 A~E 중에서 하나를 골라보자.

A 레몬이나 오렌지 같은 감귤계 향

B 바닐라나 열대과일 같은 달콤한 향

C 장미나 제라늄 같은 꽃 향

D 민트나 유칼리 같은 산뜻한 향

E 백단향 같은 중후한 향

Test 11 ;진단 결과

이 테스트에서는 지금 당신이 어떤 연애를 하고 싶은지 알 수 있다.
향의 기호는 그 사람의 성격이나 그때그때의 기분, 또는 심리상태와 관련이 있다. 어떤 향을 떠올리느냐에 따라서 현재 당신이 이성과의 교제에서 무엇을 원하는지 알 수 있다.

선택한 사람

'친구 이상, 연인 미만'의 산뜻한 순애보를 동경한다

지금 당신은 이성과 실제로 사귀기보다 영화나 드라마에 나오는 가상의 사랑에 가슴 설레는 듯하다. 현실 세계에서는 이성과 문자 교환만 해도 만족하며, 우정이 섞인 첫사랑 같은 산뜻한 순애보를 동경한다.

선택한 사람

'한여름의 체험' 같은 격한 사랑을 하고 싶다

지금 당신은 라틴계의 밝고 정열적이며 관능적인 사랑을 동경하고 있다. 결혼 따위 장래를 생각하는 진지한 교제보다, 예를 들어 여행지의 여름 바다에서 만난 사람과의 짧고 격렬하게 스쳐 지나가는 사랑에 가슴 떨리는 듯하다.

어른의 럭셔리한 세계를 만끽할 수 있는 사랑을 하고 싶다

지금 당신은 둘이서 즐기는 연극이나 연주회, 고급 호텔에서의 하룻밤 등 로맨틱한 분위기가 있는 우아하고 럭셔리한 교제를 동경하고 있다. 자신을 빛나게 해주는 조금 어른스러운 이성을 만나고 싶어하는 생각이 강한 듯하다.

지적인 호기심을 만족시켜주는 사랑을 하고 싶다

지금 당신은 상대방과 지적 호기심이나 취미 세계를 공유하고, 서로 관심이 있는 장르에 대해 깊이 있게 대화할 수 있는 관계를 원한다. 관능적인 사랑을 하기보다는 지적인 면으로 자극을 받을 수 있는 사랑을 하고 싶은 듯하다.

서로 존경할 수 있는 사람과 진지한 사랑을 하고 싶다

지금 당신은 매우 진지한 마음으로 이성과의 교제를 생각하는 시기이다. 들뜬 연애 감정에서 그치는 것이 아니라, 인간적으로 서로 존경하고 신뢰할 수 있는 동반자가 될 만한 연인을 원하고 있다. 결혼을 강하게 의식하고 있는 시기라고 할 수 있다.

Test 12

지구의 생명력을 표현한 디자인은?

지구를 주제로 한 포스터 디자인 콘테스트가 개최되었다. 여기에 당신은 심사위원으로 참석했다. 다음 A~C 중에서 어떤 디자인이 제일 훌륭하다고 생각하는가?

Test 12 ;진단 결과

이 테스트에서는 지금 당신이 발휘할 수 있는 놀라운 능력을 알 수 있다. 생명의 원천인 지구를 주제로 한 포스터 중에서 어떤 디자인을 선택할까? 당신이 고른 이미지에는 당신 안에 있는 미덕(그 사람의 내면의 아름다움, 선한 면 등)이 비추어진다. 그것을 깨달음으로써 자신의 장점과 능력을 더욱 살릴 수 있을 것이다.

선택한 사람

약자에 대한 사랑이 넘치고, 적극적으로 도움을 펼치는 사람. 자원봉사 등으로 힘을 발휘

당신은 사람은 누구나 사랑이 있으면 행복해질 수 있다는 신념을 가진 사람이다. 그런 당신은 전 세계에 방치되어 있는 사람들이나 고통을 겪고 학대받는 사람들에게 가서 그 사람들의 친구가 되고, 그들을 돕기 위해 기꺼이 일할 수 있는 마음 따뜻한 사람이다. 다들 주저하는 힘들고 무서운 곳에까지 가서 고통받는 사람들을 도와줄 수 있다. 자원봉사 활동 등에 적극적으로 관련을 맺음으로써 당신의 능력이 더욱 잘 발휘될 수 있을 것이다.

B 선택한 사람
정서와 감각을 풍부하게 표현할 수 있는 사람. 창작활동으로 능력 발휘

당신은 사람의 약한 마음을 이해하고 흔들리는 마음의 내면을 독자적인 방법으로 표현할 수 있는 사람이다. 당신의 눈에 들어와 감각을 자극하는 것은 모두 풍부한 정서를 솟아나게 하여 주위 사람의 마음을 두드리는 작품이 될 것이다. 당신은 자신이 잘하는 표현 수단을 사용해서 인생이 얼마나 깊은 맛이 있는지를 많은 사람들에게 전달할 수 있는 타입이다. 글쓰기, 그림, 만들기 등 창작활동을 통해서 당신의 능력은 더욱 잘 발휘될 것이다.

C 선택한 사람
지금이야말로 선두에서 리더로서 새로운 일에 도전할 수 있는 힘을 발휘

당신은 넓은 시야로 사물을 파악할 수 있는 사람이다. 무엇을 어떻게 움직이면 앞으로 일이 어떤 모습으로 진행될지를 이해하고, 스스로 리더십을 가지고 뜻 깊은 일을 달성할 수 있다. 그리고 위험 부담이 큰 일에 도전하면 더욱 보람을 느끼기도 한다. 매너리즘에 빠진 조직이나 그룹을 개혁하거나, 자신이 잘하는 장르에서 새로운 선풍을 일으키는 등 새로운 모험을 통해서 당신의 능력이 살아날 것이다.

'머리, 마음, 몸' 중에서 제일 발달한 곳은?

우리는 머리로 생각하고 마음으로 느끼고 몸으로 반응한다. 따라서 '사고 · 감정 · 본능(신체적인 직감)'은 인간이 갖춘 세 가지 정신 기능을 나타낸다. 사람에 따라 이 세 가지 가운데 더 발달하는 기능이 저마다 다르다.

예를 들어 신체적 직감이 발달한 사람은 "각오를 다지다." "끝까지 설득하다."라는 내장 감각을 표현하는 말을 잘 사용하는데, 거절할 때는 "속이 뒤집힌다." "메슥거린다."라는 말로 표현하는 경향이 있다.

모든 일을 감정의 기능으로 받아들이는 경향이 강한 사람은 '기쁘다' '슬프다' '외롭다' 등 감각을 표현하는 말을 자주 사용한다. 예를 들어 "가슴이 설렌다." "가슴이 아프다." "가슴이 괴롭다."라고 표현하거나, "가슴을 연다." "마음이 통한다."라는 말을 두루 사용하는 경향이 있다.

사고 기능을 잘 사용하는 사람은 "그게 무슨 말이야?" "즉 이런 거야." 하고 머리로 먼저 이해하려고 하는 경향이 있다. 이런 사람들은 자신과 같은 타입의 사람과는 서로 잘 이해하지만, 왠지 거부감이 느껴지거나 말이 잘 통하지 않는 상대방은 정신 기능이 다른 타입일 것이라 짐작한다.

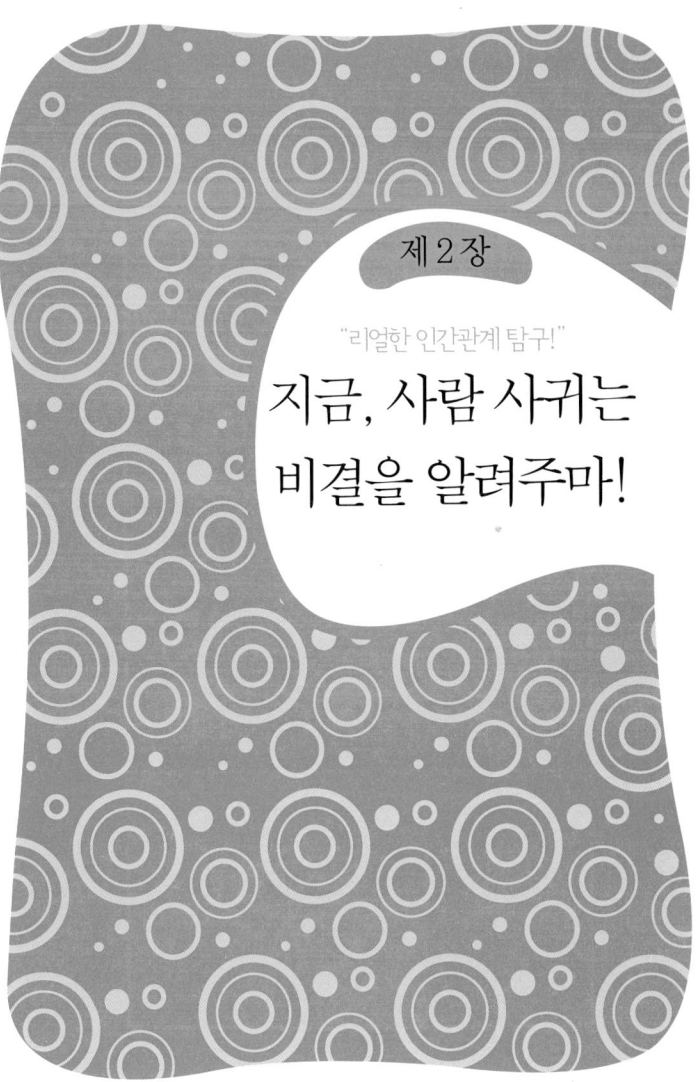

제 2 장

"리얼한 인간관계 탐구!"

지금, 사람 사귀는 비결을 알려주마!

> "왠지 맘대로 안 되는 인간관계, 진짜 어려워!"

학교나 직장에서 당신 주위에는 다양한 유형의 사람들이 있다. 지금 그 인간관계를 테스트하고 확인해보면 사람 사귀기의 행복한 비법이 보이기 시작할 것이다.

Test 13

친구들과 1박 2일 드라이브 여행을 떠나다!

친구들과 함께 1박 2일 드라이브 여행을 떠나게 되었다. 그와 비슷한 상황이나 실제로 겪었던 경험을 떠올리면서 다음 Q1~Q5의 질문에 대답해보자.

친구들과 차를 함께 타고 가는 단체여행이다. 자신이 운전하지 않는 경우 당신은 어디에 앉을까?

A 조수석

B 가 뒷좌석의 오른쪽   나 뒷좌석의 왼쪽
  다 뒷좌석의 가운데   라 뒷좌석의 가운데 이외의 자리

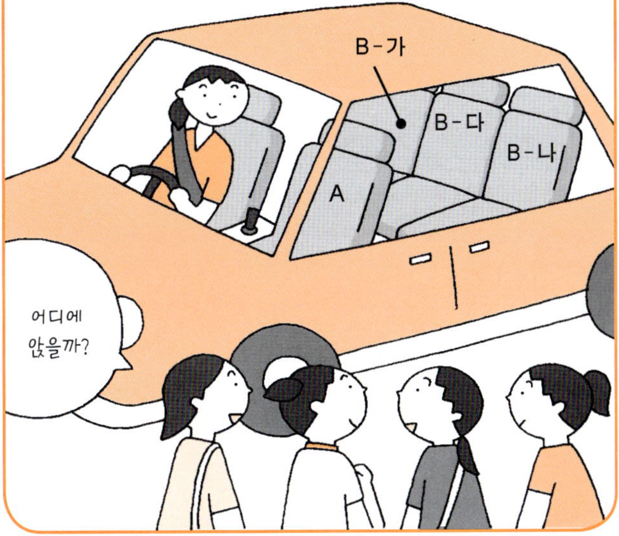

Test 13

Q 2

드라이브 중에 BGM으로 이 노래만큼은 듣고 싶지 않은 장르는?

A 헤비메탈

B 트로트

Q 3

차 안에서 먹을 간식거리를 가져간다면 당신은 어느 것을 준비할까?

A 박하향 껌이나 사탕

B 초콜릿이나 스낵류

목적지에 도착하면 친구들과 어떤
식사를 즐기고 싶은가?

A 호텔이나 여관에서 제공하는 뷔페

B 강가나 해변 등에서 펼쳐지는
바비큐 파티

친구들과 더욱 친해지기 위해 밤에
무엇을 하며 보낼까?

A 밤늦도록 게임을 한다.

B 밤늦도록 많은 이야기를
나눈다.

Test 13 ;진단 결과

이 테스트에서는 당신의 단체행동 적응력을 알 수 있다.
드라이브 여행길에서 흔히 겪는 상황을 설정하고 던진 질문에 당신이 선택한 각각의 대답에는 당신의 단체행동에 대한 생각이 반영되어 있다.

 단체행동에서 어떻게 행동하는 경향이 있는지 알 수 있다

A를 선택한 사람 - 분위기를 이끌고 싶어 몸이 근질근질
자신이 중심이 되어 모두의 분위기를 이끌고 싶어하는 타입. 처음에는 얌전히 있다가도 사람들과 함께 있으면 그만 그 충동이 일어나서 어느 순간 "이렇게 하자." "저렇게 했으면 좋겠는데." 하고 참견하기 시작한다.

B~가를 선택한 사람 - 우선 친구들에게 맞춘다
그 자리에서는 친구들에게 맞추려고 하는 타입. 하지만 다른 사람이 분위기 메이커 역할을 맡으면 마음속으로는 '나라면 더 체계적으로 잘할 텐데.' 하고 생각하는 면이 있다.

B~나를 선택한 사람 - 단체행동을 어려워한다
단체행동보다는 자신이 하고 싶은 일을 할 수 있는 개인 행동을 더 좋아하는 타입. 그다지 적극적으로 사람들을 돕지는 않지만, 자기 멋대로의 행동은 삼가는 분별은 있는 듯하다.

B~다를 선택한 사람 – 주위 사람들에게 신경을 많이 쓰는 타입.
버릇없이 굴거나 자기 멋대로 행동해서는 안 된다는 마음이 강해서 상당히 주위에 신경을 많이 쓰는 타입이다. 하지만 자신이 신경 쓰고 있는 만큼 주위 사람이 그 점을 알아주지 않고 배려해주지 않으면 불만을 가질 수도 있을 듯.

B~라를 선택한 사람 – 타협과 양보가 서툰 타입
단체행동에서는 얼핏 비협력적으로 보이기도 하지만, 여차하는 시기에 행동에 나서서 의외의 힘을 발휘하는 타입이다.

 단체행동 중 어디에서 즐거움을 찾는 타입인지 알 수 있다

A를 선택한 사람 – 공감하고 추억을 느끼고 싶어하는 타입
모두 모여서 떠들거나 어딘가에 가는 '그 자리의 즐거움'보다, 같이 있는 친구들과 마음이 통하거나 후에 "그때 정말 깜짝 놀랐어." 하고 얘기할 수 있는 추억이라는 공통된 감동을 즐기고 싶어하는 타입. 평생의 깊은 우정도 기대할 수 있을 듯.

B를 선택한 사람 – 다 함께 마음껏 즐기고 싶어하는 타입
여행에서나 모임에서나 단체로 하는 일이라면 뭐든지 "이 상황을 실컷 즐기자."는 마음이 강한 타입. 단체행동 중에 뭔가 마음에 안 드는 일이 있어도 얼굴에 드러내지 않고 모두가 기분 좋게 보내기를 바란다. 한편 다른 사람들도 불쾌한 감정을 밖으로 표출하지 않기를 바라는 마음도 있는 듯하다.

Test 13 ;진단 결과

어느 정도까지 단체행동에 맞춰 행동할 수 있는지 알 수 있다

A를 선택한 사람 - 혼자만의 시간과 공간을 갖고 싶다

친구 모임이라고는 하지만 늘 행동을 같이 하는 데 스트레스를 받는 유형. 단체여행이라 해도 어느 정도는 자유롭게 행동하고 싶어하며, 단체행동을 하는 중에도 혼자만의 시간과 공간을 확보하고 싶어한다.

B를 선택한 사람 - 조화를 추구하며 아주 협조적이다

'인연'이나 '조화'라는 말을 좋아하며, 모처럼 단체로 모였으면 그 시간을 소중히 하고 싶어 모든 일에 적극적으로 협조하는 타입이다. 여의찮은 상황에서는 친구들을 중재하는 역할도 기꺼이 받아들인다.

동료 의식이 어느 정도인지 알 수 있다

A를 선택한 사람 - 동료 의식이 그다지 강하지 않은 사람

기본적으로는 사교적이지만 동료 의식은 그다지 강하지 않다. 친구 관계는 넓으나 깊지 않으며, 같이 있을 때는 사이가 좋지만 떨어져 있을 때는 다른 사람들과 친하게 지낸다. 그렇기 때문에 만나고자 할 때 다른 모임과의 약속이 겹쳐서 거절하는 일이 있을 듯.

B를 선택한 사람 - 동료 의식이 상당히 강한 사람

동료 의식이 강하고 한 모임에서 구성원들과 친하게 지내고 싶어하는 타입. 같이 여행을 가는 친구들과는 오래 관계를 유지하기를 기대하는 듯하다. 모임이 진행되는 중에 누군가 말을 걸지 않으면 자신이 따돌림당하는 게 아닌가 싶어 충격을 받을 수도.

단체행동에서 보이는 태도에서 그 사람의 '소심함'을 알 수 있다

A를 선택한 사람 - 대담한 행동 뒤에 겁 많은 소심한 면이……

다 같이 있으면 상당히 대담한 행동을 보이거나 장난기가 많지만, 사실은 의외로 겁 많고 소심하며 작은 일에도 두려워하는 면이 있다. 하지만 그런 면을 지적하면 싫어하므로 말하지 않는 것이 좋을 듯.

B를 선택한 사람 - 소심한 태도는 일종의 제스처. 거의 무서울 것이 없는 사람

사고를 당하면 큰 소란을 피우거나 담력 시험 등에서는 요란하게 무서운 척하지만, 사실은 무서운 일이나 위험한 일에 직면하면 막다른 순간에 용기와 초인적인 힘을 발휘하는 타입이다.

Test 14

"친구야, 휴대전화로 사진 보내줘."

휴대전화를 사용하는 테스트이다. 친구들에게 "지금 어디야? 휴대전화로 사진을 찍어서 보내줘." 하고 부탁해보자. 친구들은 어떤 사진을 보내왔을까? 다음 A~D 중에서 가장 가까운 것을 골라보자.

A 친구의 모습 없이 그냥 풍경만 찍은 사진

B 친구의 얼굴을 크게 찍은 사진

C 같이 있는 사람과 함께 찍은 사진

D 관심이 가는 물건을 찍은 사진

Test 14 ;진단 결과

이 테스트에서는 그 사람이 당신을 어떤 친구로 생각하는지를 알 수 있다. 휴대전화로 찍어 보낸 사진은 그 사람이 어디에 관심을 갖고 있는지를 나타낸다. 당신에게 보낸 사진에서 그 사람이 당신을 어떤 친구로 생각하고, 어떤 친분을 쌓고 싶은지를 알 수 있다.

취미생활에 대한 정보를 나눌 수 있는 친구라고 보는 듯

이 사람은 당신과는 영화나 음악, 책과 같은 공통된 화제가 있어서 서로 DVD나 CD 같은 것을 빌려주는 정보 교환을 할 수 있는 친구 사이를 원하는 듯하다. 하지만 아주 사적인 일까지 간섭받고 싶어하지 않으며 자신도 관여할 생각이 없는 듯하다. 이 타입은 화려한 사람이나 자기 주장이 강한 사람과는 그다지 친구가 되고 싶어하지 않는다.

라이벌 같은 관계를 바라는 듯

이 사람은 좋은 뜻으로 서로 라이벌로 지낼 수 있는 친구 관계를 바라는 듯하다. '이 사람에게는 지고 싶지 않다. 나도 더 많이 노력해야지.' 하는 마음이 들게 하는 조금 뛰어난 사람과 친구로 지내고 싶어하는 타입으로, 당신에 대해서도 그런 친구라고 생각하는 듯하다. 이런 타입의 사람은 촌스럽거나 활발하지 못하고 눈에 띄지 않는 사람에게는 별로 관심이 없다.

C 곧잘 도와주고 친해지기 쉬운 사람이라고 생각하는 듯

이 사람은 당신을 협조적이며 대인관계가 원만하고 친해지기 쉬운 사람이라고 생각하는 듯하다. 하지만 만약 주변 사람이 당신을 "쟤는 좀……."이라고 부정적으로 말하면 멀어질 가능성도 있다. 이런 타입의 사람은 우선 자신의 속마음은 드러내지 않고, 친구로서 신뢰할 수 있는지를 알아보려고 상대방의 가치관이나 생각을 몰래 살피는 면이 있다.

D 자신의 감성을 이해해주는 친구로 여기는 듯

이 사람은 당신을 자신과 마음이 맞다고 생각하는 듯하다. 이런 타입의 사람은 자신의 취미와 흥미를 이해해주고 자신의 재능을 인정해주는 친구를 좋아한다. 단 의외로 고정관념이 강해 당신을 자기 마음대로 '이런 사람'이라고 단정지은 후 그 이미지와 맞지 않다고 생각되면 '그럴 줄 몰랐다.'며 실망하게 될 수도 있다.

Test 15

메시지의 답장이 언제 올까?

급한 일로 문자 메시지를 보냈는데 상대방은 어떤 답장을 보내올까? 다음 A~D 중에서 골라보자. 실제로 누군가에게 메시지를 보내도 좋고 '그 사람이라면 '이렇게 할 거야.' 하고 예상해서 대답해도 좋다.

A 바로 답장이 온다.

B 문자 대신 재빨리 전화로 연락이 온다.

C 늦게 답장이 오며 내용도 짧고 간단하다.

D 늦게 답장이 오지만 내용은 상당히 길다.

Test 15 ;진단 결과

이 테스트로는 문자 메시지의 답장을 보낸 사람의 인간관계 경향을 알 수 있다.

커뮤니케이션 도구인 휴대전화나 문자 메시지를 사용하는 행태를 보면 그 사람의 성격이 확연히 나타난다. 여기서는 특히 인간관계에서 어떤 성격이 나타나는지를 알 수 있다.

선택한 사람

머리 회전이 빠르고 인간관계가 단순명료한 타입

비교적 사교적으로 누구와도 금방 친구가 될 수 있는 사람. 머리 회전이 빠르고 몇 가지 일을 동시에 할 수 있는 타입이다. 하지만 일을 그다지 심각하게 생각하지 않으므로 끙끙대며 고민하는 일도 없을 듯하다. 남들보다 훨씬 활동적이며 발놀림이 가벼워 사람에 따라서는 그 템포를 좀처럼 따라가지 못할 수도 있다. 또한 당신의 답장이 늦어져도 상대방은 그다지 신경 쓰지 않을 것이다.

선택한 사람

볼일이 없으면 연락하지 않는다. 이로운 교제를 바라는 타입

현실적으로 행동력이 있는 사람. 고집이 세고, '비로 이기야.' 히고 마음먹은 것은 반드시 실천하는 면이 있어서 신뢰할 수 있는 타입이다. 단순히 놀면서 지내는 친구 관계보다는 서로 친분을 쌓아 어떤 이로움을 얻을 수 있는 관계를 기대하는 듯하다. 무언가 공통의 이익이 될 만한 일을 도와주거나 프로젝트를 조직하기를 좋아한다.

내성적으로 사려 깊은 만큼 반응이 늦는 타입

답장이 늦은 사람은 내성적이고 매사에 소극적인 사람. 특별히 나쁜 뜻은 없으며, 마침 그 시기에 기분이 좋지 않아 별로 관심이 가지 않은 탓일지도 모른다. 사람은 꼭 '바쁘다'는 이유로 답장을 못 보내는 것이 아니다. 외향적인 사람이라면 바쁘더라도 답장을 잘 보낼 것이다. 답장이 간결한 것은 그 사람이 사려 깊고, 이것저것 다 살펴본 다음 상황을 이해하고 정리하려고 한 결과의 표현이라고 할 수 있다.

변덕스러움이 인간관계에도 영향을 끼치는 타입

좀처럼 답장이 오지 않다가 이제 겨우 왔나 싶은데 문자가 장문인 사람은 기본적으로 내성적인 사람. 감정의 기복이 크기 때문에 변덕스럽거나 곧잘 우울해하는 사람일 것이다. 그렇기 때문에 어느 시기는 아주 친하게 지내다가도 갑자기 연락이 끊어지는 등 인간관계에서도 기복이 있을 듯하다.

Test 16

우연히 마주친 아는 사람은 누구?

거리에서 마주치는 많은 사람들. 그 사람들 중에 우연히 당신이 아는 사람을 만난다면, 과연 누구일까? 다음 Q1~Q4의 질문에 대답해보자.

해질 무렵 공원에서 그네를 타는 사람이 있다. 그 사람은 당신이 아는 사람 가운데 누구일까?

Q2

당신은 슈퍼마켓에서 저녁 반찬거리를 사고 있다. 그때 마주친 사람은 당신이 아는 사람 가운데 누구일까?

Test 16

Q 3

당신은 전철역 승강장에 서 있다. 우연히 반대편 승강장을 보니 당신이 아는 이의 모습이 보이는 듯하다. 언뜻 보긴 했지만 그 사람은 누구였을까? 또한 당신과 그 사람 중 누가 상행선 승강장에 있고, 누가 하행선 승강장에 있었을까?

전철 문이 닫히려고 하는 순간에 당신이 아는 사람이 뛰어들어왔다. 서둘러 뛰어들어온 그 사람은 누구였을까?

당신이 거울을 보고 있는데, 그 거울 속으로 아는 사람의 얼굴이 당신의 얼굴 뒤로 들어왔다. 그 사람은 도대체 누구일까?

Test 16 ;진단 결과

이 테스트에서는 당신이 마음 깊은 곳에서 그 사람을 어떻게 생각하는지를 알 수 있다.

이 테스트에서 각각의 상황은 당신이 그 인물에 대해 평소에 느끼고 있는 이미지를 표현한다. 그 이미지에서 당신이 그 사람을 어떻게 생각하는지 짐작할 수 있다.

Q1 해질 무렵 공원에서 그네를 타는 사람은 당신이 '공주병' 환자라고 느끼는 사람이다

해질 무렵 공원에서 혼자서 그네를 타는 사람의 모습을 보면 왠지 고독하고 외로운 느낌이 든다. 혼자만의 세계에 빠져 있는 것처럼 보이기도 하는데, 이때 그네는 마치 그 사람이 겪는 감정의 동요를 나타내는 것 같다. 당신은 그 사람을 자기애에 빠져 있는 자기 도취적이고 공주병 환자 같은 면이 있는 사람이라고 생각하는 듯하다. 하지만 그렇다고 해서 그 사람이 싫다거나 나쁜 사람이라고 생각한다든지 하는 마이너스 이미지를 가지고 있지는 않다.

슈퍼마켓에서 쇼핑하면서 우연히 만난 사람은 당신이 괜찮은 사람이라고 생각하고 친근감을 느끼는 사람이다

슈퍼마켓에서 장보기는 서민적인 이미지. 우연히 만나면 서로 장바구니 속 물건까지 보게 된다. 이 질문에서 떠올린 사람은 당신이 평소 왠지 모르게 친근감을 느끼는 인물. 그 사람이라면 크게 신경 쓰지 않고 있는 그대로의 모습으로 사귈 수 있겠다고 생각하는 사람이다. 당신이 여자이고 한 남자를 떠올렸다면 '좋은 사람이지만 연애 상대가 되지는 않을 것 같다.'고 생각하는 사람이다. 남자가 여자를 떠올렸다면 '이런 사람과 함께 살면 어떨까?' 하고 생각하는 사람일 수도.

 반대쪽 승강장에 있는 사람은 자신과는 가치관이 달라 별로 공통점이 없다고 생각하는 사람이다

반대쪽 승강장에서 마주치는 상황은 둘 사이의 거리감을 느끼게 한다. 당신은 자신과 그 사람 사이에는 별로 공통점이 없다고 생각한다. 그 사람을 거부하지는 않지만 그다지 공감하지도 않는다. 가치관의 차이를 느끼는 사람이다. 그 사람이 상행선의 승강장에 있다고 생각했다면 그에게 눈부신 미래가 있다고 여기며, 반대로 자신이 상행선 승강장에 있다고 답한 사람은 자신에게 더 멋진 미래가 있다고 생각하는 듯. 지금 사귀는 연인을 떠올렸다면 이별의 예감이……

전철 안에 뛰어든 사람은 평소 덜렁대고 성격이 급하다고 생각하던 사람이다

간신히 뛰어들어 승차하는 것은 아주 위험한 일. 당신이 떠올린 사람은 때때로 당신의 심장을 조마조마하게 하는 사람일 수도 있다. 당신은 그 사람을 침착하지 못하며 성격이 급하고 어수선한 면이 있는 사람이라고 생각하지는 않는지? 당신이 마음의 여유가 있을 때는 미워할 수 없는 사람이라고 생각할지 모르지만, 그렇지 않을 때는 스트레스의 원인이 되는 사람이다.

 거울에 비친 사람은 당신이 속마음을 보일 수 없다고 경계하는 사람이다

거울은 자기 이미지를 비추는 물건. 사람들은 거울을 보면서 남에게 보일 격식 차린 얼굴을 만든다. 그럴 때 누가 엿보고 있는 느낌이 들면 별로 기분이 좋지는 않을 것이다. 당신은 평소 그 사람 앞에서 조금 허세를 부리고 있지는 않은지? 그런 자신을 들키고 싶지 않은 마음이 있어서 이 사람한테는 방심하면 안 된다고 생각하는 면이 있는 듯하다. 겉으로는 그 사람과 잘 지내려고 하지만, 좀처럼 당신의 속내를 보일 수 없는 사람인지도 모른다.

Test 17

직장 동료의 인간성을 알려주마!

직장 동료의 사고방식이나 성격을 알려주는 테스트이다. 윗사람이나 동료 등 당신이 일을 하면서 원활하게 교류했으면 하고 바라는 사람을 떠올려보자. 그리고 다음 A~E 타입에서 그 사람에게 적합하다고 생각되는 항목을 골라보자.

 타입

- ① 사소한 일에 잔소리가 많고 불평만 한다.
- ② 누구보다도 먼저 회사에 나와 마지막까지 남아 있는 일이 있다.
- ③ 조금 어려운 사람으로 별로 농담이 통하지 않는다.
- ④ 남을 비판적으로 말하는 경우가 많고, 남을 거의 칭찬하지 않는다.
- ⑤ 이야기가 지겹도록 장황하고 "나 같으면~." 하면서 자신의 의견을 밀어붙이려고 한다.
- ⑥ 규칙과 시간을 지키지 않는 태도에 대해 깐깐하게 신경 쓴다.
- ⑦ 돈에 엄격하고 빈틈이 없다.

Test 17

B 타입

- ① 무뚝뚝하고 사람이 다가가지 못하게 하는 분위기가 있다.
- ② 생각한 것을 거리낌없이 말한다.
- ③ 남의 말을 듣지 않고 자신이 생각한 대로 일을 진행하려고 한다.
- ④ 금방 발끈하고 화내면 무섭지만 뒤끝은 없다.
- ⑤ 터프하고 활동적이며 말한 것은 반드시 실천으로 옮긴다.
- ⑥ 경솔하게 농담을 하거나, 그 자리의 분위기를 파악하지 못하는 면이 있다.
- ⑦ 대충대충 하는 경우가 많고 정리정돈을 잘 못한다.

C 타입

- ① 밝고 친해지기 쉬워 별로 신경을 쓰지 않아도 된다.
- ② 실제 나이보다 어려 보인다. 혹은 아주 젊어 보이는 면이 있다.
- ③ 활동적이며, 한 곳에 가만히 있지 않고 자주 어디론가 외출한다.
- ④ 약삭빠른 말만 하고 무책임한 면이 있는 것처럼 생각된다.
- ⑤ 분위기를 잘 살리고 파티나 회식에서 모두를 즐겁게 한다.
- ⑥ 일 이외에도 지인이나 친구가 많고 발이 넓은 듯하다.
- ⑦ 대화 도중에 이야기의 흐름을 바꾸거나 여러 화제로 건너뛰는 경우가 많다.

D 타입

- ① 매우 유능한 듯하며 일을 잘하는 것 같다.
- ② 늘 말쑥한 몸차림을 하고, 옷차림이나 소지품에 빈틈이 없다.
- ③ 남 앞에 나서도 두려워하지 않으며 사회나 설명회를 잘한다.
- ④ 능력 없는 사람, 자신보다 아래로 여겨지는 사람은 깔보는 듯하다.
- 자주 "○○는 내가 아는 사람."이라며 유명인을 들먹인다.
- ⑥ 늘 스케줄이 밀려 있지만 맡은 일은 척척 해낸다.
- ⑦ 상당히 자기 자랑이 많다.

E 타입

- ① 윗사람에게는 예의 바르지만 아랫사람에게는 잘난 척을 한다.
- ② 늘 주변을 말끔히 정리정돈하고 몸차림이 깨끗하다.
- ③ 좋아하는 사람과 그렇지 않은 사람을 대하는 태도가 확연히 다르다.
- ④ 스스로 책임감을 갖고 판단하지 않고 늘 위로부터의 방침에 따른다.
- ⑤ 고지식하고 융통성이 없는 것 같다.
- ⑥ 사소한 규칙이나 룰을 지키고 매뉴얼을 중시하는 경향이 있다.
- ⑦ 곧잘 긴장하고 신중하며, 소심하게 여겨지는 면이 있다.

가장 수가 많은 것은 ☐ 타입

제2장 지금, 사람 사귀는 비결을 알려주마!

Test 17 ;진단 결과

이 테스트에서는 그 사람의 업무 스타일과 인간관계 요령을 알 수 있다. 적합한 항목이 제일 많은 단락이 그 사람의 타입이 된다. 두 개 이상의 단락에서 같은 수가 나왔으면 혼합형이라고 생각하고 각각의 진단을 참고할 것.

아랫사람에게는 엄하고 일을 열심히 하는 완고한 사람

책임감이 강하고 일을 열심히 하는 사람이다. 완고하고 성실하며 부지런한 사람으로, 자신이 가장 옳다고 생각하여 좀처럼 주위 사람이 일하는 방식을 인정하려고 하지 않는다. 일에는 완벽을 요구하고, 아랫사람이 아무리 열심히 일해도 흠을 찾아내어 비판하고 상대의 의욕을 꺾어놓는 면이 있다.

▶ 이 타입의 윗사람과 원만하게 지내려면

끈기 있게 열심히 일하는 모습을 보이는 것이 가장 좋다. 귀찮아도 때로는 설교도 잘 들어주면 다른 눈으로 봐줄 것이다.

우유부단한 사람을 싫어하고, 맺고 끊는 게 확실한 보스 타입

이른바 보스 타입의 리더이다. 성격이 급하고 다혈질로 소심한 사람들에게는 무서운 존재일지도 모른다. 꾸물대는 사람이나 우유부단한 사람을 싫어하고 의욕적이고 적극적으로 움직이는 사람을 좋게 평가한다.

▶ **이 타입의 윗사람과 원만하게 지내려면**

이런 사람 앞에서는 자신의 의견이나 생각을 확실히 말하는 편이 좋다. 쭈뼛거리거나 할 말을 확실히 하지 않으면 오히려 노여움을 살지도 모른다. 예를 들어 업무를 진행하다가 실수를 했어도 솔직히 털어놓으면 관용을 베풀어줄 것이다. 남이 의지하면 의외로 잘 돌봐주는 면이 있다.

귀찮은 일은 남에게 떠맡기는 무책임한 타입

별로 잔소리를 하지 않는 사람이다. 싹싹하고 금세 친해지고 아이디어가 풍부하지만, 귀찮은 일은 자신이 하지 않고 남에게 떠맡기려는 면이 있다. 무책임하고 비교적 뻔뻔한 면이 있어 윗사람이 이런 유형일 경우 자기 나름대로 가치관을 가지고 일하지 않으면 아무것도 배울 수 없을 것이다.

▶ **이 타입의 윗사람과 원만하게 지내려면**

주위의 일에 대해 별로 참견하지 않는다. 그런데 실력이 있는 사람과 그렇지 않은 사람을 구분해 일을 잘 못하는 아랫사람에 대해서는 얼마 안 되어 "저 직원은 안 되겠다." 하고 판단을 할 듯하다. 남보다 빨리 이런 사람을 보좌할 만한 업무 스타일을 익히면 인정받을 수 있을 것이다.

Test 17 ;진단 결과

D 타입
자신의 평가에 신경 쓰는 출세욕이 강한 야심가 타입

야심만만하고 업무 면에서 누구보다도 높이 평가받으려고 많은 업적을 올리고 싶어하는 사람이다. 윗사람으로서는 아랫사람의 능력을 알아보고 의욕을 북돋워주는 데 능숙하다. 하지만 최고의 관심사는 직장 안에서의 자신의 평가. 자신의 실적을 올리기 위해서는 아랫사람의 공을 가로채는 면이 있고, 아랫사람이 자신보다 유능하다고 생각되면 발목을 잡을 수 있다.

▶ 이 타입의 윗사람과 원만하게 지내려면

치켜 세워주면 좋아하므로 앞에서는 치켜 세워주는 편이 낫다. 한편 더욱 성실하고 신뢰할 만한 다른 상관과 인간관계를 쌓아가는 편이 상책일 수도.

E 타입
뒷공작이나 물밑작업을 잘하는 보수파 타입

의무감이 강하고 위에서 내려오는 명령이나 직장 안의 규범을 전면적으로 따르며 확실하게 일을 하는 사람이다. 하지만 보수적이고 융통성이 없는 면이 있고 약간 유머 감각이 떨어진다. 동료 의식이 강하고 파벌을 만들고 싶어하는 경향이 있으며, 직장 내에서 뒷공작이나 물밑작업에 뛰어나다. 자신의 마음에 안 드는 상대방이나 건방지다고 여겨지는 아랫사람

에 대해서는 당연히 "모난 돌이 정 맞는 법"이라며 밟아버리려 할지도 모른다.

▶ 이 타입의 윗사람과 원만하게 지내려면

자신에게 순순히 따르는 직원에게는 선배답게 행동하려고 하며 잘 대해줄 것이다. 만약 당신이 이런 타입의 상관 마음에 들기 어렵다면, 더 높은 다른 윗사람에게 평가받을 수 있는 업무 스타일로 노력하는 편이 나을 것이다.

ONE POINT ADVICE

회사의 관리자와 직원, 선배와 후배의 관계에서는 대체적으로 같은 타입끼리 성격이 잘 맞는다. 예를 들어 열심히 일하는 완고한 A타입의 상관은 자신처럼 성실하고 척척 일을 해내는 아랫사람을 높게 평가하고, 설령 능력은 있어도 야심가 D타입의 직원을 별로 높게 평가하지 않을 것이다. 또한 보스 타입(B)의 관리자는 자기처럼 적극적으로 일을 밀고 나가는 직원을 신뢰하며, 위에서 내리는 명령에 충실히 따르는 E타입의 직원에 대해서는 "시키는 일만 한다."며 부정적인 평가를 내릴지도 모른다. 하지만 E타입의 보수적인 관리자는 같은 E타입의 직원을 위아래가 분명하고 일도 믿고 맡길 수 있는 사람으로 여겨 잘 대해줄지도 모른다. 아무튼 윗사람이나 선배와의 관계에서 상대방의 타입을 알면 잘 어울릴 수 있는 요령이나 거리를 두는 방법이 보일 것이다.

Test 18

연예인 커플을 인터뷰하다

당신은 연예부 리포터이다. 막 약혼 발표를 한 연예인 커플이 해외여행에서 돌아왔다고 해서 깜짝 취재를 하러 갔다. 두 사람의 매니저가 질문을 하나만 하라고 못박았다. 당신은 어떤 질문을 하겠는가?

A "결혼 후에는 어디에서 살 겁니까?"

B "프러포즈 때 무슨 말을 했나요?"

C "결혼 후의 연예 활동 계획은?"

Test 18 ;진단 결과

이 테스트에서는 현재 당신이 어떤 인간관계를 만들어가고 있는지, 또 앞으로 어떤 인간관계를 유지할런지를 알 수 있다.

질문의 내용은 당신이 지금 가장 관심을 보이고 있는 것을 나타낸다. 당신이 고른 질문에서 당신이 앞으로 충실한 생활을 보내기 위해서 어떤 인간관계를 쌓으려고 하는지 드러난다.

A 인맥을 넓히기보다는 지금 사귀는 친구나 가족과 깊은 교류를 유지했으면

당신은 지금 식생활과 건강 관리, 경제적인 것 등 주로 사생활을 충실히 하는 일에 관심이 있는 듯하다. 인간관계 면에서는 자신이 이곳 저곳으로 외출하여 많은 사람을 만나 인맥을 더욱 넓히기보다, 친한 친구를 집에 초대해서 대접하는 것을 편안해하고 안정감을 느낀다. 별로 넓은 인간관계는 기대할 수 없지만, 이전부터 알고 지낸 친구들이나 가족과의 교류를 깊게 할 수 있겠다.

많지 않아도 자신에게 자극을 줄 수 있는 사람들하고만 어울린다

당신은 요즘 어딘가에 재미있는 사람 없을까 하고 안테나를 세우고 있는 듯하다. 자신에게 자극을 줄 만한 사람이라면 동성이든 이성이든 상관하지 않는다. 인간적인 매력이 넘치고 알고 지내서 정말 좋다고 생각되는 사람과의 만남을 기대하고, 그 사람과 의미 있는 시간을 보내고 싶어하지 않는지? 그런 당신은 많은 사람보다 마음이 맞는 사람끼리 소수의 실속 있는 교제를 바라는 듯하다.

상대방을 정해놓지 않고 많은 사람들과 교류를 즐긴다

당신은 남들과 너무 친밀한 관계가 되면 숨이 막힌다고 생각하는 사람. 오히려 미팅이나 동창회, 각종 모임 등 많은 사람이 모이는 장소에서 특정인에 한정되지 않고 많은 사람과 교류하고 싶은 마음이 강한 듯하다. 일 대 일의 깊은 관계나 소수의 고정 멤버와 어울리는 것을 어려워한다. 인간관계 그 자체보다 사람들과 연결되는 과정에서 이루어지는 활동 내용에 더 관심이 많아 새로운 즐거움이나 지식을 얻을 수 있는 인맥을 넓히려고 한다.

Test 19

애인의 지갑은 어느 것?

지금 사귀는 남자친구(여자친구)는 어떤 지갑을 사용할까? 다음 A~E 중에서 가까운 것을 하나 골라보자.

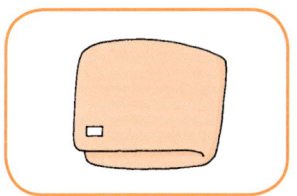

Ⓐ 지갑과는 별도로 동전 지갑을 가지고 있다.

Ⓑ 동전이나 영수증으로 가득 찬 반지갑

Ⓒ 납작한 접이식 반지갑

Ⓓ 지폐와 카드가 든 장지갑

Ⓔ 지갑은 사용하지 않고 주머니에 바로 돈을 넣는다.

Test 19 ;진단 결과

이 테스트에서는 그 사람이 결혼하면 어떤 남편(아내)이 될지를 알 수 있다. 지갑은 그 사람의 생활 기반을 반영한다. 어떤 지갑을 가지고 어떻게 쓰는지를 보면 그 사람이 가정생활을 어떻게 이루어갈지 알 수 있다.

검소하면서도 따뜻한 가정을 이룰 듯

동전 지갑을 가지고 있는 사람은 소박한 생활을 즐기는 사람. 구두쇠에 가까워 돈을 꾸준히 저축하는 경향이 있는 반면, 일상생활에서 아이디어를 짜내어 따뜻한 가정을 이루어나갈 타입이다. 검소하면서 평온한 생활에 만족하고, 열심히 일해서 출세하고 싶다거나 남보다 좋은 생활을 하고 싶다는 야심은 그다지 없는 듯하다.

가족을 위해 열심히 일해서 안정된 가정을 이룰 듯

동전 등으로 지갑이 부풀어 있는 것은 매일 드나드는 돈이 있음을 나타낸다. 그것은 매일 어떤 활동을 하면서 생활을 하고 있다는 증거. 이런 타입은 현실적으로 가족을 위해서는 온몸을 내던져가며 일한다. 부자는 못 되어도 확실한 생활의 기반을 이루어갈 수 있을 것이다.

C 돈 씀씀이에 계획성은 없다. 결혼에 별로 흥미가 없을 수도!

독신이 더 자유롭고 좋아하는 일을 할 수 있으므로 꼭 결혼하지 않아도 괜찮다고 생각하는 사람. 계획성 없는 생활을 하는 경향이 있는데 돈이 있으면 대범해져서 전부 써버리고, 그러다가 돈이 없어지면 갑자기 소심해져서 인색해지는 면이 있다. 특히 남자의 경우 가지고 있는 것은 없으면서 있는 척하는 유형일지도 모른다.

D 성공을 목표로 가정이나 일에 열심히 노력할 듯

허세부리고 겉모습에 신경 쓰는 사람. 성공하고 싶어하는 타입으로 결혼하면 이상적인 남편과 이상적인 아내가 되려 할 것이다. 또한 가정생활뿐만 아니라 일과 사회활동에도 힘을 다해서 늘 한 단계 위의 생활을 추구하며, 사람들이 부러워할 만한 생활이 가능하도록 노력할 것이다.

E 가정을 소중히 하지 않고 가족을 고생시킬 듯

일을 대충 하며 돈 관리에 허술한 면이 있는 사람. 결혼을 해도 개념 없는 생활을 보내고, 정식으로 취직도 못하고, 다른 이성과 놀러 다니거나 가정을 소중히 하지 않을 가능성이 있다. 그러나 본인은 그런 자신이 멋지다고 생각하므로 결혼 상대자는 고생할지도 모른다.

Test 20

누가 내 험담을 하고 다닌다?

친한 친구가 당신을 욕하고 다닌다는 말을 다른 사람에게 들었을 때 당신은 어떤 기분이 들까? 아래 만화의 네 번째 칸에서 주인공이 보일 반응을 A~D 중에서 골라보자.

A '내가 친구한테 뭐 잘못한 게 있나?' 하고 자신을 되돌아보며 잘못이 있는지를 확인한다.

B 충격을 받지만 겉으로는 "어, 그래." 하고 평정을 가장하며, "두고 보자."며 몰래 친구에 대한 적대감을 불사른다.

C "그렇게 나쁘게 말하지는 않았을 거야." 하고 자신의 마음을 다스리면서, 직접 친구의 마음을 확인하려고 한다.

D "왜?" 하고 당황해한다. "혹시 다 같이 내 욕한 거 아니야?" 하고 점점 의심이 깊어진다.

Test 20 ;진단 결과

이 테스트에서는 당신이 가장 겪고 싶지 않은 일이 무엇인지 알 수 있다. 이 테스트에서는 욕을 들였을 때의 반응을 보고서 당신이 대인관계에서 무엇을 가장 두려워하는지 알 수 있다.

A 남에게 비판받는 것이 가장 싫다!

당신은 자신의 의견이나 지식이 다른 사람들에게 거절당하거나, 자신의 잘못과 미흡한 부분을 남들에게 지적받거나 비판당하는 것을 가장 두려워하는 듯하다. 그 때문에 평소에 되도록이면 일이 잘못되지 않도록 해야 할 일은 완벽하게 하려고 마음쓰고 있지 않은지?

B 남에게 무시당하는 것이 가장 싫다!

당신은 사람들에게 무시당하거나, 하잘것없는 사람 취급을 받거나, 또 자신이 가치 있는 존재로 인정받지 못하는 것을 가장 두려워하는 듯하다. 그 때문에 평소 남들보다 높은 수준을 목표로 삼아 주위 사람들에게 주목받을 만한 사람이 되려고 자기 계발이나 경력 쌓기에 힘쓰고 있지 않은지?

C 남에게 동정받는 것이 가장 싫다!

선택한 사람

당신은 남들이 자신을 불쌍한 사람이나 불행한 사람으로 여기고 동정하는 것을 가장 두려워하는 듯하다. 오히려 자신은 풍족하지 못한 다른 사람과 비교해서 충분히 행복하고 가진 것이 많다고 여기며, 그런 사람을 여유 있게 도와줄 수 있는 사람이라고 생각하는 듯하다. 그래서 평소에 남에게 친절하지는 않은지?

D 남들에게 따돌림받는 것이 가장 싫다!

선택한 사람

당신은 남들에게 "그 사람은 상식이 없어." 하고 뒤에서 험담을 듣거나 따돌림당하는 것을 가장 무서워하는 듯하다. 그래서 평소에 인간관계를 소중히 하고, 사람들이 어떻게 생각하는지 신경 쓰면서 주위 사람들에게 맞추려 하지 않는지?

ONE POINT ADVICE

당신이 사람들에게 겪고 싶지 않은 일이란, 사실 인간관계에서 스트레스가 쌓일 때 당신 자신이 남에게 취하고 있는 태도이기도 하다. 자신이 겪고 싶지 않은 일을 남에게 하고 있지는 않은지? 먼저 "자신에게 달갑지 않은 일은 남에게도 하지 않는다."는 마음 자세를 갖추는 것이 대인관계를 개선하는 비결이다.

Test 21

첫사랑의 이름을 기억하나요?

친구와 연인에게 첫사랑의 이름을 물어보자. 이때 그들은 어떻게 대답했는가? 다음 A~F 중에서 가장 가까운 대답을 골라보자.

A 누가 첫사랑이었는지 모르겠다고 대답했다.

B 바로 성과 이름을 말했다.

C 조금 생각하고 성과 이름을 말했다.

D 성이나 닉네임밖에 기억하지 못했다.

E 이름밖에 기억하지 못했다.

F 결국 이름을 기억하지 못했다.

Test 21 ;진단 결과

이 테스트에서는 당신이 그 사람과 친분을 잘 쌓아갈 수 있는 비결을 알 수 있다.

첫사랑이라는 소중한 과거의 추억을 어떻게 대하는가? 그 대답에 따라서 그 사람의 대화 방식으로는 미처 알 수 없었던 점이 명확해진다. 또한 그 사람과는 어떻게 사귀면 좋을지 해결책을 얻을 수 있다.

A 속마음을 잘 말하지 못하는 타입. 이야기를 잘 들어주자!

별로 솔직하지 못한 타입이다. 친구 사이라도 속마음을 잘 이야기하려고 하지 않는 면이 있다. 본인도 자신을 이해해주길 바라는 마음이 있으면서 잘 전달하지 못해 답답함을 느끼고 있을지도 모르겠다. 이런 타입의 사람에게는 "즉 이런 거구나."라든지 "말 안 해도 다 안다."고 마음대로 해석하지 말고 그냥 수긍하면서 이야기를 들어주자.

B 자기 방식을 밀어붙이려는 면이 있다. 의사 표시는 확실하게!

정이 많고 친구들을 소중히 하는 타입이다. 특히 예전부터 알아온 인간관계를 소중히 한다. 하지만 "그때는 그런 얘기 했지." "이런 일을 당했다."라고 예전 일을 잘 기억하며 조금 집요한 면이 있다. 자신이 좋으면 "너도 해보면 어때?"

하고 강요하는 면도 있는 듯하다. 이 타입의 사람을 대할 때는 설령 상대와 생각이 달라도 자기 방식이나 생각을 전달할 때 좋고 싫은 의사표시를 확실히 하는 편이 좋은 친분을 쌓을 수 있다.

선택한 사람

C 성실하다 못해 사서 고민하는 면이 있다. 터놓고 어울려보자

친구들에게는 성실하게 대하려는 타입으로 서로 좋은 친구가 되고 싶어하는 생각이 강하다. 친구들의 성공을 솔직하게 기뻐하지만, 상대방이 불쾌한 생각이 들지 않도록 지나치게 신경 쓴다. 또 너무 필요 이상으로 생각이 많아 나중에 웃음거리가 될 만한 착각을 하는 면도 있다. 거드름피우는 태도가 아니니 지나치게 사양하지 말고, 솔직한 교제를 하도록 노력하는 것이 좋다.

선택한 사람

D 어디까지 다가가야 할지 당황하게 하는 면이 있다. 조금씩 거리를 줄여보자

눈앞에서 이야기를 할 때는 마음을 여는 듯하지만, 어딘지 남을 다가오지 못하게 하는 면이 있는 사람이다. 만날 기회가 없으면 그대로 소원해져 버릴 수도 있다. 당신은 자신을 어떤 친구로 생각하는지 알 수 없어 어디까지 속마음을 털어놓아야 할지 망설이고 있는지도 모른다. 우선은 가벼운 농담을 나누면서 시간을 들여서 서서히 거리를 좁혀보자.

조금 제멋대로인 타입. 성숙한 태도로 사귀자

친구 사이라면 다소 제멋대로 행동해도 용납될 거라고 생각하는 타입. 하지만 자신은 응석을 부리고 싶어하는 편이라 말로는 배려를 해도 의외로 자신밖에 생각하지 않을 수 있다. 사이가 좋을 때는 친분이 두터워 보이나 친구의 성공을 솔직히 기뻐하지 못하고 질투나 시기로 비뚤어진 생각을 가지기 쉬운 사람일지도 모른다. 이런 타입의 사람과는 분별 있는 성숙한 태도와 절도를 가지고 교제하도록 힘쓸 것.

마음을 터놓을 때까지 시간이 걸리는 타입. 너무 무겁지 않은 친구 사이가 되도록 노력하자

친구 관계에 수동적인 사람으로, 자신이 적극적으로 친구를 바라는 타입은 아닌 듯하다. 언뜻 "오는 사람은 안 막는다."는 듯 보이지만 의외로 친구들을 골라서 사귀는 면이 있다. 마음을 터놓기까지 조금 시간이 걸리지만 일단 신뢰관계를 쌓게 되면 오랫동안 친구로 지낼 수 있다. 과도하게 응석부리거나 뭐든지 의논하려고 하는 부담스러운 관계가 아니라, 서로 번거롭게 하지 않을 만큼의 거리를 두고 사귀면 좋을 것이다.

Test 22

티슈 한 장을 어디에 쓸까?

티슈페이퍼 한 장을 펼쳐 친구에게 건네보자. 그리고 친구가 티슈페이퍼를 어떻게 다루는지 관찰해보자.

Test 22 ;진단 결과

이 테스트에서는 그 사람이 어느 정도 상처받기 쉽고 섬세한지를 알 수 있다.
부드럽고 하얀 티슈는 다양한 방법으로 사용할 수 있다. 그 티슈를 받고 어떻게 사용하는가를 보면 그 사람이 자기 내면의 약하고 섬세한 부분을 어떻게 대하는지 알 수 있다.

반응 예

〈사례 1〉 세심하게 접는다

성실하고 꼼꼼한 타입이다. 평소 주위 사람들을 빠짐없이 배려하거나 챙겨주며 남들보다 훨씬 신경을 쓴다. 세세한 모순을 잘 알아차리는 한편으로, 다른 사람의 사소한 태도와 표정에서 거짓말이나 속마음을 간파하여 혼자 상처받는 섬세한 면이 있다.

〈사례 2〉 짝짝 찢어버리거나 잘게 찢는다

티슈를 대담하게 짝짝 찢는 사람은 뭔가 실망한 일이 있어도 그것을 말로 꺼내지 못하고 혼자서 될 대로 되라고 생각하는 경향이 있다. 티슈를 잘게 찢는 사람은 뭔가 마음에 꺼림칙한 면이 있어도 그것을 해결하려고 적극적으로 행동하지 못하는 타입인지도 모른다. "뭐 할 이야기 없어?" 하고 말을 걸어보자.

〈사례 3〉 꼬깃꼬깃 뭉친다
늘 기가 세고 고민거리가 없어 보이는 사람이라도 마음속 깊은 곳에는 상처받는 것을 두려워하는 심리가 작용하고 있다. 이런 타입의 사람은 상처받을까 염려해 선수를 쳐서 "웬만한 일로는 상처를 안 받아." 하고 기세등등하게 행동하는 경향이 있지만, 자기 안의 따뜻함과 섬세함을 남에게 짓밟히고 싶지 않다는 마음이 강할 수 있다.

〈사례 4〉 그림을 그리거나 글을 쓰거나 종이접기를 한다
감수성이 풍부하고 자신의 내면을 표현하고 싶어하는 욕구가 강한 타입이다. 자신은 남들보다 훨씬 섬세하고 쉽게 상처받는다고 생각하지만, 뜻밖에도 마음의 갈등이나 내면적인 고통을 견뎌내는 힘이 강해 어려움과 맞설 수 있는 사람이다.

〈사례 5〉 코를 풀거나 입 주변을 닦고 버린다
자신은 깊이 생각하고 있다고 하지만 사실은 어떤 것도 그다지 깊게 생각하지 않는 타입이다. 마음에 쉽게 상처받는 부분을 건드리면 갑자기 화를 낼지도 모르지만, 그것은 지나가는 일에 지나지 않아서 깊이 담아두지 않고 바로 풀릴 것이다.

〈사례 6〉 팔랑팔랑 공중에 날린다
어딘가 꿈꾸는 듯한 면을 가지고 있는 타입이다. 마이페이스 유형으로 그다지 남들에게 영향을 받지 않는 독특한 세계를 가지고 있는 사람이기도 하다.

Test 23

놀아본 사람?
안 놀아본 사람?

미팅이나 집들이, 노래방 등 친구끼리 모일 때 즐기는 방법은 저마다 다르다. 당신 혹은 관심이 가는 그 사람은 어떻게 어울리고 있는가? 다음 A~F 중에서 제일 가까운 것을 하나 골라보자.

A 아주 신이 나서 엄청 잘 논다.

B 음료와 음식을 사람들에게 나눠준다.

C 단지 먹고 마시기만 한다.

D 주변 분위기에 끼지 못하고 지루한 표정으로 앉아 있다.

E 옆 사람과 열띤 토론을 한다.

F 적극적으로 참가하지 않고 어느새 먼저 집에 가버린다.

Test 23 ;진단 결과

이 테스트에서는 당신이 그 사람에게 기대해봤자 소용없는 면을 알 수 있다. '적재적소'라는 말이 있듯이 사람마다 맞는 사람과 맞지 않는 사람이 있게 마련이다. 미팅이나 노래방 등에서 보이는 태도로 그 사람에게 어떤 역할을 기대하거나 부탁하지 않는 편이 나은지 알 수 있다.

선택한 사람

A 의논이나 부탁은 전혀 도움이 안 되는 사람

이 사람에게 심각한 걱정거리를 의논해봤자 "괜찮아, 어떻게든 될 거야." 하고 가볍게 흘려듣거나, 부탁을 해도 "미안, 모르겠어." 하고 끝내버릴 것이다.

선택한 사람

B 중요한 고민이나 비밀 이야기는 조심. 바로 다 새어나간다

이 사람에게 중요한 고민이나 비밀을 털어놓는 일은 위험하다. "너한테만 말하는 거야." 하며 말한 얘기는 주위로 전부 새어나가고 만다. 지인이나 친구들의 소문도 조심할 것.

선택한 사람

C 패션이나 화장법 등에 관한 조언은 기대할 수 없다

화장법이나 패션 감각에 대해서는 이 사람에게 조언을 구해

보았자 소용없다. 감각이 부족하다. 그다지 도움이 되지 않을 것이다.

인간관계에서 트러블의 중재역으로 부적합하다

사람의 마음을 잘 모르는 이런 타입에게 다툼이나 인간관계 트러블의 중재역을 부탁하는 것은 좋은 방법이 아니다. 본인은 "나만 믿어." 하며 자신있다는 듯이 진행하지만 사태를 점점 악화시키기만 한다.

시간 조절이 필요한 사회나 연설과 관련된 일은 부적합하다

시간이 정해진 모임의 사회나 연설은 맡기지 않는 편이 나을 것이다. 이야기가 장황해지고 시간이 지나도 좀처럼 끝나지 않아 주위를 초조하게 하는 결과를 가져올 수도 있다.

파티 등의 준비나 연출에 대한 일은 맡기지 않는다

친구들이 모이는 파티나 접대를 준비하는 역할이나, 사람을 기쁘게 하는 연출을 생각하는 것이 서툰 타입. 음식이나 음료가 부족하거나 게임 준비가 안 되어 있는 등 신경을 쓰지 못하는 부분이 많을 것이다.

인간관계를 맺는데도 판단 기준이 있다!

'유유상종'이니 '근묵자흑'이라는 말이 있듯이 친구나 동료, 직장 등에서의 인간관계도 구성원이 누구냐에 따라서 당신의 내면과 일상생활에 큰 영향을 주게 된다.

예를 들어 평소의 인간관계에서 다음의 경우를 누구든 한 번쯤은 경험해보았을 것이다. ① 왠지 내게 열등감을 안겨준다. ② 그 사람 앞이나 그 모임에서는 자신이 보잘것없는 사람으로 생각된다. ③ 막연한 불안감을 느낀 적이 있다. ④ 자주 자리에 없는 사람에 대해 뒷말을 하거나 인물평가를 한다. ⑤ 그 사람이나 그 모임과 어울리면 나중에 마음이 어두워진다. 이런 일을 겪게 되면 인간관계는 상당히 불건전해지고, 자신의 생활의 질과 그 밖의 인간관계에도 악영향을 끼치게 된다.

반대로 건전한 인간관계에서는 다음의 경우를 느끼게 된다. ① 내가 한 개인으로 존중받는다는 느낌이 든다. ② 의견이나 생각의 차이에 누구도 감정적으로 반응하지 않고 서로 차이를 받아들인다. ③ 일이나 연구 등을 하는 과정에서 과제에 집중하고 생산성이 높다. ④ 유머가 풍부하다. ⑤ 그 사람들과 함께 어울리면 마음이 밝아진다.

사정이 이렇다보니 알고 지내는 사람이나 친구는 잘 골라야 하는 법이다.

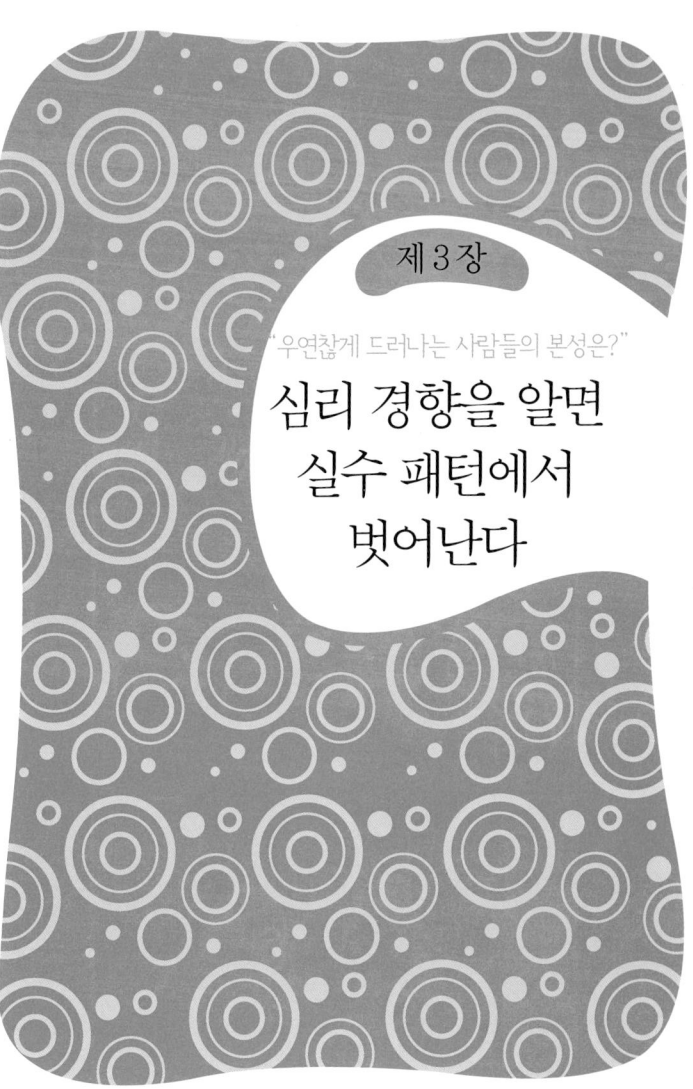

제 3 장

"우연찮게 드러나는 사람들의 본성은?"

심리 경향을 알면 실수 패턴에서 벗어난다

" 같은 잘못을 되풀이하는 것은 사랑 때문? "

일이나 연애, 인간관계에서 어느 순간 정신을 차려보면 자신이 늘 같은 실수를 반복하고 있다는 사실을 깨닫게 된다. 이럴 때는 자신의 '심리적 경향'을 알아차리는 것이 실수 패턴에서 빠져나오는 비결이다.

Test 24

어디를 제일 깨끗이 청소할까?

집안 대청소를 하기로 했다. 당신이 제일 공들여 청소하는 곳은 어디인가? 다음 A~E 중에서 하나를 골라보자.

A 현관

B 부엌

C 거실

D 서재와 안방

E 화장실과 욕실

Test 24 ;진단 결과

이 테스트에서는 당신이 인간관계의 어떤 부분에서 실수하는지를 알 수 있다.

제일 공을 들이며 청소하는 장소는 당신이 중시하는 면을 나타낸다. 어떤 면을 중시하느냐에 따라서 인간관계에서 남에게 보이지 않으려 하면서도 우연한 순간에 본색이 드러나는 당신의 좋지 않은 성격을 알 수 있다.

선택한 사람

A 우연찮게 경솔한 발언을 내뱉는 실수

맨 처음 남들의 시선이 가는 '현관'을 중시하는 사람은 남들에게 잘 보이고 싶은 마음이 강한 타입. 인간관계에서 실수가 없으며 겉으로는 누구에게나 상냥하게 대하고 마음에 없는 칭찬을 할 수도 있다. 그러다 문득 속마음을 비치게 되어 상대방에게 속내를 들키고 만다.

선택한 사람

B 오만함이 문득 본성을 드러낸다

매일 음식을 제공하는 '부엌'을 중시하는 사람은 현실적으로 부지런한 일꾼인 반면, 자기 주위에 사람을 모이게 하고 통제하고 싶어하는 타입이다. 누가 실수했을 때 "내 말대로 했으면 좋았을걸." 하고 오만한 태도를 취하는 일은 없는지?

다른 사람의 의견을 그대로 받아들인다

모두가 모여 편안하게 쉬는 '거실'을 중시하는 사람은 의외로 주위에 휩쓸리기 쉬운 타입. 남의 소문을 생각 없이 그대로 믿거나 TV, 신문 등에서 보고 들은 것을 마치 자신의 의견인 양 자신 있게 이야기하지는 않는지? 그런 이야기에 주위 사람들이 지겨워할지도 모른다.

상대방이 기뻐할 만한 일을 해주지 못하는 '인색한 인간관계'

'서재와 안방' 같은 자신만의 공간을 중시하는 사람은 마음이 인색한 면이 있는 사람. 인간관계에서 트러블은 별로 일어나지 않지만, 남을 기쁘게 하거나 남을 위해 뭔가를 하려고 하는 마음 씀씀이가 결여된 면이 있다. 사실을 알려주면 상대에게 도움이 된다는 것을 알면서도 잠자코 있지는 않은지?

농담이 통하지 않고 주변 사람들의 분위기를 깬 경험은?

'화장실, 욕실' 등 청결함이 중요한 장소를 중시하는 사람은 완벽주의자. 성실하고 거짓말이나 속임수가 없고 신뢰할 만하지만, 반면에 유머가 없고 농담도 진심으로 받아들이는 면이 있다. 상대방의 농담을 모르고 화를 내서 주위 사람들의 흥을 깬 적은 없었는지?

Test 25

조난당한 여객선의 선장이라면?

선장인 당신이 운항하는 여객선이 바다 한가운데에서 폭풍우를 만나 조난을 당했다. 가까스로 무인도에 도착한 사람은 선장인 당신 이외에 아래 그림 속의 일곱 명이다.

구조대가 올 때까지 며칠간 선장인 당신이 리더가 되어 다른 일곱 명과 힘을 합쳐서 겨우겨우 살아남을 수 있었다. 다음 Q1~Q4의 질문에 대답해보자.

Q1 당신이 가장 신뢰한 사람은 일곱 명 중 누구인가?

Q2 가장 다루기 힘들고 모두에게 걸림돌이 된 사람은 누구인가?

Q3 당신이 어려울 때 가장 많이 도와준 사람은 누구인가?

Q4 이 경험을 통해서 당신과 평생 친구가 된 사람은 누구인가?

Test 25 ;진단 결과

이 테스트에서는 당신의 기질과 잠재능력을 살리는 방법을 알 수 있다. 일곱 명의 인물(직업)은 각각 당신의 내면에 잠재된 심리 경향을 나타내며, 다음과 같은 키워드로 표시할 수 있다.

A 신문 기자 ⇨ 정의감

B 뮤지션 ⇨ 감성과 재능

C 코미디언 ⇨ 호기심과 낙천성

D 경찰관 ⇨ 신중함과 용기

E 회사 사장 ⇨ 명예심과 성공 욕구

F 간호사 ⇨ 상냥함과 배려

G 컴퓨터 기사 ⇨ 이성과 객관성

예를 들어 Q1에서 대답을 'A 신문 기자'라고 한 사람은 그 진단 결과가 '정의감'을 키워드로 한 내용이 되며, Q2에서 'C 코미디언'이라고 대답한 사람은 '호기심과 낙천성', Q3에서 'E 회사 사장'이라고 대답한 사람은 '명예심과 성공 욕구'가 진단 내용의 키워드가 된다. 그럼 각각의 질문에서 무엇을 알 수 있는지 바로 진단해보자.

"가장 신뢰한 사람은 누구인가?"의 대답에서 당신이 잠재적으로 지니는 기질 중에서 자신이 제일 신뢰하거나 타고났다고 생각하는 것이 무엇인지 알 수 있다.

A 신문 기자를 고른 사람
자신 안의 정의감을 신뢰하며, 자신이 무엇이 바르고 그른지를 알고 있는 사람이라고 생각하고 있다.

B 뮤지션을 고른 사람
자신의 감성과 재능을 믿고 개성적으로 살아가기를 바란다.

C 코미디언을 고른 사람
호기심이 왕성하고 도전정신이 넘치는 사람이라고 생각한다. 미래의 전망에 대해 낙관적인 생각을 가지고 있는 듯.

D 경찰관을 고른 사람
계획적이며 착실한 인생을 보내고 싶어한다. 신중하게 인생을 설계하며, 장래의 일이나 생활을 위해서는 무언가 자격을 취득하거나 착실히 저금을 할 수 있는 사람. 결혼을 희망하는 마음이 강한 사람도 꽤 있을 것 같다.

E 회사 사장을 고른 사람
자신 안의 발전 욕구나 야심만만한 면을 잘 인지하고, 현실 사회에서 성공하고 싶어하는 마음이 강한 사람. 지위나 명성, 경제적인 풍요로움을 추구하고 있다.

F 간호사를 고른 사람
자신 안의 상냥함이나 배려의 마음을 신뢰하고, 사람과 사람 간의 유대관계를 중시하며 살아가려고 하는 사람이다.

G 컴퓨터 기사를 고른 사람
자신은 선입관이나 편견에 좌우되지 않는 냉정한 판단력이

Test 25 ;진단 결과

있다고 생각한다. 지식과 정보를 잘 처리하면서 거추장스러운 인간관계를 피하고, 자신이 좋아하는 삶의 방식으로 살아가길 바라고 있다.

"가장 다루기 힘들고 모두에게 걸림돌이 된 사람은 누구인가?"의 대답에서 당신이 어떤 사람과 성격이 잘 맞지 않거나, 번거롭고 대하기 힘들다고 느끼는지 드러난다.

A 신문 기자를 고른 사람
정의감이 가득 찬 열정적인 사람, 자신이 가장 옳다는 태도로 사람을 비판하거나 자신의 의견을 밀어붙이려는 사람을 대하기 어려워한다. 다소 시끄럽다고 여기는 듯.

B 뮤지션을 고른 사람
수줍어하면서도 우아한 듯 잘난 체하는 사람을 싫어한다. 특히 음악, 영화 등 문화·예술 면에 박식하거나 취미가 고상한 타입을 잘난 척하는 사람이라고 생각하는 듯하다.

C 코미디언을 고른 사람
무책임하고 우쭐대며 수다스러운 사람들이 가장 대하기 싫은 타입. 경박하다고 생각하는 듯하다.

D 경찰관을 고른 사람
규칙에 얽매여 융통성 없고, 윗사람들에게는 굽실거리면서 아랫사람들에게는 잘난 척하는 사람을 껄끄러워하는 타입.

E 회사 사장을 고른 사람
자기 자랑이 많은 사람, 명품을 좋아하고 졸부 취향을 지닌 사람, 실속은 없는데 사회적 지위에 집착하는 사람 등을 당신은 마음속으로 몰래 경멸하고 있을지도.

F 간호사를 고른 사람
공연히 참견하는 사람, 사이가 좋지도 않은데 친한 척하는 사람을 귀찮아하고 대하기 어려워하는 타입인 듯하다.

G 컴퓨터 기사를 고른 사람
말이 없고 무엇을 생각하는지 알 수 없는 사람이나 논리를 따지는 사람을 대하기 어려워하는 타입. 매우 머리가 좋은 사람도 가능한 한 피하고 싶다고 생각하는 듯하다.

"어려울 때 가장 많이 도와준 사람은 누구인가?"의 대답에서 일에 대처할 때 당신이 어떤 기질을 발휘하는지 드러난다.

A 신문 기자를 고른 사람
당신은 무엇이 옳고 그른지를 판단하고 정의감으로 행동하는 사람. 팀의 누군가가 괴롭힘을 당하고 있을 때 모두에게 "그만 좀 해." 하고 한마디 할 수 있는 사람이다.

B 뮤지션을 고른 사람
독특한 표현력을 발휘할 수 있는 사람. 예술이나 창조적인 일에서 그 표현력을 살릴 수 있을 것이다. 또한 미적·예술적 안목을 키워가면서 세련된 취미생활을 누릴 수 있을 것이다.

C 코미디언을 고른 사람
변화에 대응할 수 있는 유연성이야말로 당신이 지금 가장 잘 발휘할 수 있는 능력. 새로운 일이나 첨단기술에도 바로 순응할 수 있다.

Test 25 ;진단 결과

D 경찰관을 고른 사람
당신이 가장 잘 발휘할 수 있는 기질은 친구나 가족을 지키는 용기. 사고나 재해가 발생했을 때도 훌륭한 행동을 보여줄 수가 있다.

E 회사 사장을 고른 사람
당신은 목표 달성 능력을 가장 잘 발휘하는 사람. 남들에게 칭찬받을 만한 인생의 주인공이 될 수 있다.

F 간호사를 고른 사람
당신은 자상함을 잘 발휘하는 사람. 세상의 약자나 풍족하지 못한 사람들을 위해 사리사욕을 버리고 애쓸 수 있다.

G 컴퓨터 기사를 고른 사람
당신이 잘 발휘할 수 있는 기질은 이성. 예기치 않은 문제가 발생했을 때 주위 사람이 흥분하거나 혼란에 빠진 상태에서 당신만은 냉정하게 객관적으로 주위 상황을 파악하고 현명한 판단을 내릴 수 있다.

 "당신의 평생 친구가 된 사람은 누구인가?"의 대답에서 자기 자신을 성장시키기 위해 계발하려는 성품이 드러난다.

A 신문 기자를 고른 사람
책임감과 행동력을 익힘으로써 당신은 한층 성장할 수 있다.

B 뮤지션을 고른 사람
아름다운 자연을 접하거나 아무렇지 않은 일상에서 느끼는 작은 감동이 지금 당신의 생활에 여유를 가져올 것이다.

C 코미디언을 고른 사람
지금 당신에게는 유머 감각과 인생을 즐기는 여유를 가지는 것이 필요한 듯.

D 경찰관을 고른 사람
일상의 의무나 책임감을 확실히 다하는 것이 주위의 신뢰로 이어진다.

E 회사 사장을 고른 사람
겸손은 때로는 마이너스로 작용하기도 한다. 자기PR과 목표 달성을 위해 노력을 아끼지 말 것.

F 간호사를 고른 사람
늘 겸허한 자세로 사랑과 성의를 가지고 행동하는 것이 당신뿐만 아니라 주위 사람들에게도 행복을 가져올 것이다.

G 컴퓨터 기사를 고른 사람
지금 당신에게 필요한 것은 '스스로 판단하고 행동하는 힘'. 스스로 생각함으로써 현재 상황을 타파할 수 있을 것이다.

ONE POINT ADVICE

Q1과 Q4에서 알게 된 기질을 의식하고 잘 받아들인다면 더욱 포용력 있는 사람이 될 수 있을 것이다. Q1과 Q3, Q4의 대답이 같았던 사람은 그 이외의 자질에도 눈을 돌려보자.

Test 26

나는 어떤 타입의 나르시시스트?

①~⑱까지의 항목 중에서 '자신에게 맞는다.'고 생각하면 2점, '그럭저럭 맞는다.' 혹은 '이도 저도 아니다.'라고 생각하면 1점, '전혀 아니다.'는 0점을 매겨 □ 안에 그 점수를 적어보자. 평가가 끝나면 채점 방법에 따라서 결과를 내보자.

□① 집에 있을 때는 운동복 같은 편한 복장으로 하루 종일 지내는 일이 많다.

□② 근처 편의점에 나갈 때도 화장이나 옷차림에 신경을 쓴다.

□③ 매일 신문을 보는 습관이 있고, TV나 인터넷의 뉴스도 자주 본다.

□④ 하루 종일 집에 가만히 있으면 몸이 찌뿌듯하고 기분이 안 좋다.

□⑤ 비교적 손재주가 좋다. 수예나 공작, 부품 조립, 악기 연주 등을 잘한다.

□⑥ 화장도 하지 않고 외출하는 사람을 보면 '조금만 꾸미면 좋을 텐데.' 하고 생각한다.

□⑦ 자신이 좋아하는 영화나 소설, 드라마에 대해서는 상당히 자세한 정보를 가지고 있다.

□⑧ 자주 만나는 사람에게는 관심이 있으며, 그 사람에 대해 알고 싶다.

- ☐ ⑨ 액세서리나 몸에 걸치는 것은 설령 조그마한 물건이라도 자신만의 감각을 살려서 좋은 물건을 고르려고 한다.
- ☐ ⑩ 하루 종일 책을 읽거나 음악을 들으며 혼자서 지내는 시간을 좋아한다.
- ☐ ⑪ 뱃살이 많이 찌면 여자(남자)로서 끝이라고 생각한다.
- ☐ ⑫ 마라톤이나 철인 3종 경기에 참가하거나, 참가하고 싶다고 생각한 적이 있다.
- ☐ ⑬ 시간이 나면 조용한 박물관이나 미술관에 가고 싶다.
- ☐ ⑭ 스포츠나 어떤 것을 배우면서 친구에게 지기 싫어 노력한 적이 있다.
- ☐ ⑮ 적게 먹는 편이며 먹는 것에는 별로 흥미가 없다.
- ☐ ⑯ 단골가게가 있고 가게 주인과 대화를 나누는 것이 즐겁다.
- ☐ ⑰ 부끄러운 생각이 들면 아무 일도 못하게 되므로 남들 눈은 크게 신경 쓰지 않는다.
- ☐ ⑱ 상대가 친한 사람이라도 몸이 닿을 정도로 가까이 있으면 불편하다.

채점 방법

①~⑱의 항목은 아래와 같이 A, B, C의 세 그룹으로 나눌 수 있다. 각 항목의 당신의 점수를 점수 기입란에 옮겨 쓰고 그룹마다 합계 점수를 내보자.

A그룹

항목	점수	항목	점수
①		⑫	
④		⑰	
⑪		⑱	
합계			점

B그룹

항목	점수	항목	점수
②		⑨	
⑥		⑭	
⑧		⑯	
합계			점

C그룹

항목	점수	항목	점수
③		⑩	
⑤		⑬	
⑦		⑮	
합계			점

→ 점수가 높은 그룹

___ 그룹

Test 26 ;진단 결과

이 테스트에서는 당신이 어떤 유형의 나르시시스트인지를 알려준다.

누구나 자신은 잘났고 "남들보다 좋은 점이 있다."고 자부하는 면이 있다. 즉 모두가 나르시시스트인 것이다. 당신은 어떤 타입의 나르시시스트일까? 가장 점수가 많은 그룹이 당신의 타입인데, 같은 점수가 둘 이상이면 그 혼합형으로 생각하고 각각의 진단을 참고하자.

타입

몸을 가꾸는 일에 정성을 다하고, 탱탱한 몸매에 도취되는 '몸짱 나르시시스트'

당신은 신체 감각으로 살아가는 사람. 얼굴보다 몸을 중시하며, 멋내기보다 몸을 단련하는 일에 관심이 많다. 탄력을 잃은 처진 몸이나 쓸모없는 지방이 붙어 있는 배를 견디지 못해 늘 몸을 가꾸는 일에 열심이고, 심신이 상쾌한 상태일 때의 자기 모습이 최고라고 느낀다. 몸을 가꾸면 가꿀수록 자신이 마음에 들고, 탱탱한 몸을 보면서 자신에게 도취되는 '몸짱 나르시시스트'라고 할 수 있다.

B 타입 — 남들의 시선을 끄는 내가 좋아! '주목받고 싶은 나르시시스트'

패션이나 소지품, 라이프스타일에 이르기까지 이상적인 자기 이미지를 중시하는 사람. 항상 미의식을 가지고 스스로의 느낌을 판단 기준으로 삼아 자기 기분을 좋게 해주는 아름답거나 고급스럽고 세련된 것을 추구한다. 치장이나 행동에는 늘 남들의 눈을 의식해 남의 눈에 어떻게 보일까 신경 쓰면서 살아가는 듯하다. 그런 당신은 남의 시선을 끄는 자신에게 빠져 버리는 '주목받고 싶어하는 나르시시스트'이다.

C 타입 — 교양이 있는 내가 좋아! '지적으로 보이고 싶은 나르시시스트'

자신의 내면세계를 중요시하고 자신을 갈고 닦으려 노력하는 사람. 수준 높은 지식이나 교양을 지향하고, 섬세한 감수성이나 표현력을 살려서 남들과 다른 독특한 세계를 쌓으려는 욕구가 강하다. 그런 당신은 먹거나 몸을 움직이는 데 몰두하는 사람이나, 치장을 좋아하는 사람, 사람 사귀는 데만 돈을 쓰는 사람들을 냉정한 눈빛으로 바라본다. 그리고 자신은 그런 사람들과 다르다고 여기는 '지적으로 보이고 싶어하는 나르시시스트'이다.

Test 27

술에 취한 여자를 본다면?

늦은 밤 길가에 취한 젊은 여자가 주저앉아 있다. 그때 중년 여자 두 사람이 지나가고 있다. 아래 만화를 읽고 네 번째 칸에서 중년 여자들이 취할 행동을 다음 A~D 중에서 골라보자.

① 늦은 밤 길가에 한 젊은 여자가 취해서 앉아 있다.

② 마침 지나가던 두 명의 중년 여자.

③ 취한 여자를 발견한 두 사람은

④ 어떻게 행동할까?

Ⓐ "괜찮아요?" 하고 말을 걸면서 친절하게 돌봐준다.

Ⓑ "꼴사납게, 정신 차려요." 하고 꾸짖는다.

Ⓒ "무슨 일 생기면 안 되니까……." 하고 경찰을 불러 온다.

Ⓓ "알아서 하겠지." 하고 무시하고 지나간다.

Test 27 ;진단 결과

이 테스트에서는 당신의 마음속에 잠재된 '어린아이' 같은 면을 알 수 있다.
누구나 마음속에 '어른스러운' 부분과 '아이 같은' 부분이 있게 마련이다. 술에 취한 젊은 여자에 대한 중년 여자의 반응을 통해 당신 안에 있는 아이 같은 면이 어떤 과정을 거쳐 당신이 지금의 어른이 되었는지 알 수 있다.

선택한 사람

A 무조건 사랑받고 싶어하는 어리광쟁이 아이가 배려심 있는 어른으로

당신의 마음속에는 부모에게 어리광부리고 싶은 어린아이가 있어서 무조건적으로 사랑받기를 바라는 듯하다. 하지만 그렇게 응석부리고 싶은 바람이 아직 채워지지 않아서 자신이 엄마와 같은 자상함을 발휘하여 남을 돌보는 데 정성을 다함으로써 원하는 사랑을 구하려고 한다.

선택한 사람

B 부모의 감시의 눈에서 벗어나지 못하는 우등생 아이가 엄격한 어른으로

당신의 마음속에는 자신을 감시하는 엄격한 부모의 눈이 있어 그 감시의 눈에서 벗어나지 못하고 늘 '말 잘 들으려 하는' 우등생 아이가 되려는 듯하다. 그 아이는 어른이 되어서도 좀처럼 자신이 좋아하는 일을 하지 못하며, 놀고 싶어도 마음껏 놀지 못하고 그만 자신과 남에게 엄한 태도를 취하는 경향이 있다.

버림받는 것이 두려운 겁쟁이 아이가 협동을 중요시하는 어른으로

당신의 마음속에는 버림받는 것을 두려워하며, 힘센 아버지 같은 존재가 지켜주길 바라는 겁 많은 아이가 있는 듯하다. 그 아이는 어른이 되어서도 아버지의 권위에 의지하고 세상의 규칙에 따라 살아감으로써 마음의 평안을 얻으려고 한다. 따라서 회사에 잘 적응하기 위해 협동심을 발휘하여 주위 사람에게 인정받으려 한다.

반항적이며 자립심이 왕성한 아이가 자신의 길을 가려는 어른으로

당신의 마음속에는 어렸을 때부터 어린아이 취급받는 것을 싫어하여 일찍이 주목받으려는 아이가 있는 듯하다. 그 아이는 어릴 적부터 어른은 도움이 안 된다고 여기며, 누구에게도 의지하지 않고 살아가겠다고 결심한다. 결국 '남은 남, 나는 나'라는 자신만의 삶의 방식을 추구한다.

Test 28

고독이 밀려올 때,
콤플렉스가 꿈틀거린다!

당신이 가장 고독을 느낄 때는 다음 A~C 중 어느 장면인가?

Ⓐ 아무도 없는 바닷가에 혼자 우두 커니 있을 때

Ⓑ 아는 사람이 한 명도 없는 파티에 참가했을 때

Ⓒ 주말에 가족 동반이 많은 유원지에 혼자 왔을 때

Test 28 ;진단 결과

이 테스트에서는 당신이 어떤 것에 콤플렉스를 갖고 있는지 알려준다. 어떤 상황에서 외로움을 느끼는가에 따라서 당신 속에서 은근히 꿈틀거리는 콤플렉스의 정체가 밝혀진다. 그리고 그 콤플렉스의 이면에 당신이 가지고 있는 우월감도 알게 된다.

A 선택한 사람

"행복해지고 싶은데 그렇지 못하다."는 행복 콤플렉스

자신 이외의 사람은 모두 행복해 보이는 타입. 자신은 다른 사람은 가지고 있는 소질 중에서 무언가가 결여되어 행복해질 자격이 없는 게 아닌가 하고 느끼고 있다. 그렇게 생각하는 배경에는 "나는 저 사람들처럼 단순하고 평범하게 살기 싫어. 난 특별한 사람이야."라는 비뚤어진 우월감이 깃들어 있다.

B 선택한 사람

"더 나은 지위나 학력이 있었으면……." 하는 신분 콤플렉스

자신의 직업이나 경력, 수입, 집안, 출신 학교 등 많은 면에서 당신보다 수준이 위라고 생각하는 사람들 앞에 있으면 크게 열등감이나 긴장감을 느끼는 타입. 하지만 그 배후에는 물론 "내가 더 나아 보이고 싶어." 하는 우월의식이 있어서 실제로 자신이 더 낫다고 생각하는 상대방의 앞에서는 조금 잘난 듯한 태도를 취한다.

선택한 사람

"어차피 난 받아들여지지 않을 거야."라는 비주류 콤플렉스

주위 사람은 회사에 잘 적응하는데 자신만 회사에서 떨어져 나왔다고 느끼고, 자신은 인정받지 못할 것이라고 생각하는 비뚤어진 타입. 하지만 그 이면을 들여다보면 "주위에는 자기 생각이 없는 우유부단하고 한심한 사람들뿐이야." 하는 잘못된 마음으로 남을 바라보는 비뚤어진 우월의식이 숨어 있다.

ONE POINT ADVICE

콤플렉스를 극복해내는 사람은 인간적으로 성장할 수 있다. A타입의 사람은 자기 안의 열등감을 철저하게 마주봄으로써 시인이나 순수문학 작가처럼 인생의 비애나 자신의 내면에 대한 글을 써보면 어떨까? B타입의 사람은 자격증을 취득하거나 학원에서 다시 배움에 힘쓰는 등 객관적으로 자신의 능력을 판단할 기준을 가지면 좋을 듯. C타입의 사람은 이 세상의 차별이나 편견에 처한 사람들을 위해 목소리를 높이는 여론 지도자 같은 활동을 해보는 것도 좋을 것이다.

제3장 심리 경향을 알면 실수 패턴에서 벗어난다

Test 29

도마 위의 생선이 살려면?

당신은 도마 위의 생선이라서 지금 당장이라도 식칼 아래 회가 될 처지에 놓여 있다. 어떻게든 목숨을 부지하기 위해 당신은 무슨 말을 할까? 다음 A~C 중에서 하나를 골라보자.

A "가족이 있어요." 하고 동정을 받기 위해 눈물작전으로 나간다.

B "살려주면 감사의 뜻으로 용궁의 보물을 드릴게요." 하고 거래를 한다.

C "언젠가 나를 죽인 것을 꼭 후회할 날이 올 거야." 하고 협박한다.

Test 29 ;진단 결과

이 테스트에서는 당신의 가장 강한 정신력이 무엇인지 알려준다.

목숨을 구걸할 때 하는 말은 눈물작전일까, 거래 아니면 복수를 암시하는 위협의 말일까? 위기 상황에 순간적으로 나오는 말이나 행동에는 그 사람의 있는 그대로의 모습이나 저력이라 할 만한 기질이 나타나게 마련이다. 거기에서 당신이 가진 남보다 뛰어난 재능이나 힘, '언젠가 크게 달라질지 모르는 능력'이 드러난다.

선택한 사람

A **남의 마음을 헤아리는 섬세한 배려가 많은 사람들을 감동시키는 원동력으로!**

자신을 약하게 보여 상대방의 동정심을 사려고 눈물로 애원하는 전술은 상대방의 감정에 끈질기게 호소하는 방법이다. 사실은 당신 속에는 다른 사람들의 마음을 헤아리는 섬세한 감수성이 있는데, 이것이 언뜻 보기에 아무것도 아닌 일이나 일상의 소재에서 사람들의 마음을 두드리고 위로를 자아내는 능력이나 힘으로 길러진다. 꾸준히 끈기 있게 해냄으로써 많은 사람들이 감동할 만한 무언가를 이루어낼 가능성을 지니고 있다.

B 선택한 사람

성공 이미지를 그려보면 남들도 부러워하는 성공한 사람이 될 듯!

"이렇게 하는 편이 너한테도 이득이야." 하고 상대방의 욕심이나 이기심을 자극하는 거래는 확실한 승산이 있어야만 되는 일이다. 당신 속에는 '하면 된다'는 낙천적이고 긍정적인 사고를 뒷받침하는 자신감이 있다. 어떠한 분야에서도 남보다 뛰어나고자 하는 마음은 성공 이미지를 명확하게 함으로써 이룰 수 있을 것이다. 당신은 남들에게 동경을 받을 만한 사람이 될 가능성을 지니고 있다.

C 선택한 사람

자신의 힘을 믿음으로써 많은 사람들에게 영향을 줄 인물이 될 듯!

복수를 암시하는 위협으로 상대방을 굴복시키려 하는 것은 자신의 내면에 있는 힘을 느끼고 그 힘을 믿지 않으면 안 되는 일이다. 실제로 당신은 어려운 일에 맞서는 도전정신과 역경을 딛고 일어설 수 있는 강력한 힘과 에너지를 갖고 있다. 당신은 사람을 움직이고 주위에 영향력을 미칠 인물이 될 가능성을 지니고 있다.

Test 30

먼저 손 드는 사람이 임자!

누군가 사람들 앞에서 "이것 가지고 싶은 사람 없어?" 하고 내민 물건. 그것은 당신이 굉장히 가지고 싶었던 것이다. 물건은 한 개밖에 없고 먼저 말한 사람이 갖게 된다. "원하는 사람은 손을 드세요." 할 때, 당신은 어떻게 할까?

A "네!" 하고 제일 먼저 손을 들어서 보란 듯이 물건을 갖는다.

B 나도 모르게 옆 사람을 쳐다본다.

C 우물쭈물하다 결국 손을 들지 못한다.

Test 30 ;진단 결과

이 테스트에서는 당신이 절망에서 어떻게 일어서는가를 알 수 있다.
'원하는 것'이란 우리의 욕구 그 자체를 나타낸다. 그 욕구에 어떻게 대처하는가에 따라서 자신 안의 부정적인 감정을 어떻게 대하고 처리하는지 알 수 있다.

선택한 사람

풀 죽은 자신을 격려하여 다음 행동으로 넘어가는 타입

우울한 자신을 북돋우며 "풀 죽어 있으면 안 돼." "울고 있을 때가 아니야." 하고 마음을 다잡고 다음 행동으로 옮기려고 하는 타입. 행동함으로써 부정적인 생각에 치우치려 했던 자신을 일으키는 사람이다. 하지만 달리 생각하면 고통스런 마음을 억누르고 안 보려고 하기 때문이라고 할 수도 있다.

선택한 사람

마음을 정하지 못하고 진전 없이 고민을 반복하는 타입

우울해지면 "이러면 안 돼." "어떻게든 해야지." 하고 자기 자신을 질타하고 격려하는 타입. 하지만 어떻게 하면 좋을지 알 수 없어 믿을 만한 사람에게 고민을 털어놓고 의견을 들으려고 할 것이다. 그래도 결단을 내리지 못하고 이 생각 저 생각 망설이며 꾸물거리다 진전 없이 고민만 반복할지도 모른다.

C 우울할 때는 그대로 완전히 우울함에 빠지는 타입

우울하면 완전히 기분이 가라앉아 주위 사람이나 환경에서 벗어나 혼자 틀어박히려고 하는 타입. 아무 일도 할 기력이 없어서 "아아, 난 틀렸어……." 하고 깊은 한숨을 쉬며, 자신을 비극의 주인공인 양 생각한다. 그리고 얼마 동안 충분히 그 기분을 만끽한 후에는 아무 일도 없었다는 듯이 회복할 것이다.

ONE POINT ADVICE

자기 안의 진실한 마음이나 감정을 받아들이지 않으면 어쩐지 마음이 요동치고 삭막해짐을 느끼게 된다. A를 선택한 사람은 우울한 자신의 모습도 잠시나마 있는 그대로 받아들여 부정적인 기분을 두려워하지 말고 한 번 느껴보자. B를 선택한 사람은 우울할 때나 고민이 생겼을 때나 남에게 의지하지 말고, 자신 안에서 대답을 찾아내는 일을 시도하는 것이 좋을 것이다. C를 선택한 사람은 그때의 기분이나 감정이야 어찌되었든 '해야 할 일'을 우선적으로 행동으로 옮겨보자. 그러면 어느새 우울한 마음에서 벗어날 수 있을 것이다.

Test 31

바위에 핀 귀한 꽃을 꺾을까?

친구와 등산을 갔다. 정상 부근의 바위에 아주 예쁘고 귀한 꽃이 피어 있었다. "꺾어 갈까?" 하고 묻는 친구에게 당신은 뭐라고 대답할까?

A "함부로 꽃을 꺾으면 안 돼."

B "난 보기만 해도 충분해."

C "그래, 꺾어 가자."

D "조심해. 이 꽃에는 가시가 있을 것 같아."

Test 31 ;진단 결과

이 테스트에서는 당신의 내면에 잠재되어 있는 동성애 경향을 알려준다. 바위 위에 핀 신기한 꽃은 여기서는 동경하는 동성을 상징한다. 꽃을 꺾는 행위는 동성과 어떻게 관여하려 하는지 당신의 심리 경향을 알려준다.

A 동성애 경향이 굉장히 높은 당신! 유혹에 넘어갈 듯

당신은 이성과의 연애보다도 동성끼리의 우정에 곧잘 로맨틱함을 느끼는 경향이 있는 듯하다. 당신 안에는 동성애 경향이 잠재되어 있다고 할 수 있다. 동성 친구나 선배를 동경하고 어렴풋이 사랑을 품은 적은 없는지? 만약 멋진 동성이 적극적으로 유혹한다면 그만 넘어갈지도 모르겠다.

B 공상의 세계에서 동성애를 즐기는 것은 현실 도피의 표현

사실 당신은 동성애를 동경하는 사람. 하지만 그것은 어디까지나 공상의 세계에서만 일어나는 일로, 당신이 여자라면 미소년 간의 동성애 소설 같은 것을 동경하는 식이다. 하지만 동성애를 자기 자신의 일로 받아들이지 않는 듯하다. 현실 세계에서는 좀처럼 상상 속의 멋진 이성을 만날 수 없는 보상으로서 그런 공상을 즐기고 있는 것일지도 모른다.

동경이나 관심 전혀 없음! 동성들만 있는 친구 관계도 거부감이 드는 당신!

당신은 연애 상대는 이성에 한해서이며, 동성애는 절대 생각할 수 없는 사람. 친구 관계라도 동성끼리 어울리기보다 이성과 함께 있는 편이 더 재미있게 느껴지는 면이 있을 것이다. 동성애까지는 아니더라도 여자끼리 남자끼리 끈적거리는 것도 질색이다. 당신에게 동성애 경향은 전혀 없어 보인다.

동성은 친구 아니면 라이벌! 연인을 놓고 불꽃을 튀길 듯

당신은 남자다움과 여자다움에 집착해 "여자는 남자다운 남자를 좋아해." "남자는 여자다운 여자를 좋아한다."는 진부한 사고방식을 가진 듯하다. 그리고 성별이 다르기 때문에 상대방을 더 매력적으로 느낄 수도 있고 사랑에 빠진다고 생각한다. 그렇기 때문에 아무리 성격이 맞는 동성이 있어도 당신이 느끼는 것은 우정뿐 결코 연애 상대는 될 수 없다. 또한 당신은 사랑에 일편단심인 면이 있어 좋아하는 사람을 놓고 싸울 얄미운 연적으로서 동성과 불꽃을 튀기는 일도 때때로 있을 듯하다.

Test 32

성공하는 커리어우먼은 어떤 점이 다를까?

당신은 늘 바쁘게 뛰어다니는 커리어우먼. 열심히 일을 하는 당신의 생활이나 마음속은 어떠할까? 다음 Q1~Q5까지의 질문에 답해보자.

Q 1

스케줄 다이어리를 보고 당신이 안심한 것은 어떤 경우일까?

A 3개월 뒤까지 스케줄이 가득 적혀 있다.

B 3개월 뒤까지 스케줄에 빈 칸이 꽤 많다.

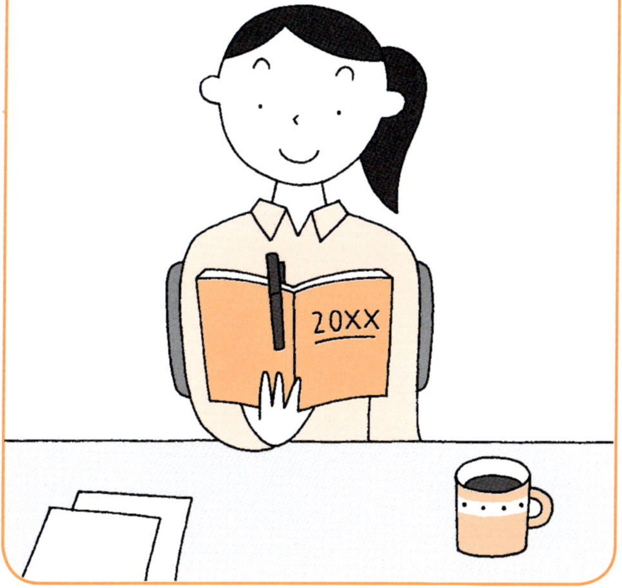

Test 32

Q2

중요한 회의에서 메모를 했다. 나중에 읽어보니……

A 중요한 사항을 항목별로 써서 읽기 쉽게 정리해두었다.

B 대화를 그대로 갈겨썼다.

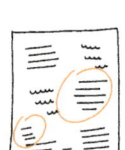

Q3

최근에 조금 피로가 쌓인 상태. 영양제라도 섭취할까 하는데 어느 것을 선택할까?

A 에너지 보급을 위한 원기회복 영양제

B 마음이 편안해지고 푹 잘 수 있는 영양제

4

학생 때 여름방학을 이용해서 외국의 대학에서 3주간 어학연수를 받고 왔다. 그 사실을 이력서에 쓴다면 어떤 식으로 쓸까?

A 해외 유학의 경험이 있음.

B 잘하는 과목 : 영어 회화

5

아침에 눈을 떠보니 평소보다 한 시간 일찍 일어났다. 이럴 때 당신은 어떻게 할까?

A 일어나서 평상시보다 여유 있게 나갈 준비를 한다.

B 다시 잠들어 결국 같은 시간에 일어난다.

Test 32 ;진단 결과

이 테스트에서는 당신 마음속의 '성공 또는 패배' 의식을 알 수 있다.

이 테스트에서는 우선 각 질문으로 일을 대하는 의식이나 대처 방법을 진단하고, 그 종합 결과로서 당신의 내면에 있는 '성공 또는 패배' 의식을 알아본다.

결과를 중시하는 타입인가, 과정을 중시하는 타입인가?

A를 선택한 사람

결과를 중시하는 사람. 목표 달성을 위해 열심히 노력하는 반면, "결과가 좋으면 모든 게 좋다."며 과정을 생략하는 경향이 있다. 일처리는 빠르나 약간 세심한 면이 결여되어 있다.

B를 선택한 사람

과정을 중시하는 타입. 혹은 일을 달성하는 과정을 즐길 줄 안다. "결과야 어쨌든 여기까지 해냈으니까." 하고 받아들일 수 있다. 과정을 중시하는 만큼 일이 늦어지기도.

일을 더 잘해나가려면 자신에게 무엇이 필요한지를 알 수 있다.

A를 선택한 사람

당신은 얼핏 냉정하고 합리적으로 일을 판단하는 사람으로 보인다. 하지만 실은 의외로 머릿속이 복잡하고 생각이 잘 정리되지 않는 경우가 있는 듯하다. 무언가 중요한 일을 할 때는 준비하는 데 시간을 들이고, 진행 단계에 대해서 예상을 하거나 예행 연습을 해두는 편이 안심이 된다.

B를 선택한 사람
언뜻 보기에 서투르고 이해가 느린 것 같지만, 의외로 끈기 있고 자기 나름대로 현명한 판단을 내리는 타입이다. 하지만 바빠지면 많은 일을 벌려둔 채 놔두곤 한다. 늘 정리정돈해두는 것이 시간을 낭비하지 않고 일의 효율을 높이는 요령이다.

 자신의 자질과 능력을 키우기 위해 필요한 것을 알 수 있다

A를 선택한 사람
'작은 일에도 충실하게 임하는 자세'가 필요하다. 자신에게 이득이 되는 일이나 스케일이 큰 일, 눈에 띄는 활동만을 우선시하지는 않는지? 눈앞의 작은 일이나 평범한 활동, 남에게 부탁받은 일을 중요하게 대하는 것이 성공으로 가는 비결이다.

B를 선택한 사람
당신에게 필요한 것은 '구분'이다. 지금 당신은 모든 일에 어중간한 면이 있는 듯하다. 일단 시작한 일은 도중에 포기하지 말고 일정 시간 안에 확실히 끝내도록 하자. 인간관계에서도 남의 꾐에 빠지지 말고 절도 있는 교제를 하도록.

Test 32

 당신이 인간관계에서 실패하는 원인을 알 수 있다

A를 선택한 사람

라이벌 의식이 강하고 이기기 위해서는 아무렇지 않게 친구를 배반하거나 남의 성공을 방해할 수 있는 타입. 그래도 최종적인 승리를 얻지는 못한다. 사람을 성실하게 대해보라.

B를 선택한 사람

의심이 많아 좀처럼 사람을 믿지 못하는 타입. 그런 반면 소문을 잘 믿고 잘 속는 면도 있다. 남에게 들은 소문을 주위 사람들에게 전하기에 앞서 자신이 사실을 확인하라.

 지금 생활에서 무엇을 바라는지를 알 수 있다

A를 선택한 사람

일상생활을 소중히 하는 타입. 균형 잡힌 현실 감각이 있으며, 식생활이나 건강, 금전 관리를 비롯하여 자질구레한 일상적인 일이나 주위 사람과의 교제를 잘해낸다. 일상생활에서 자신의 역할을 다할 수 있는 곳을 찾는 사람이라고 할 수 있다.

B를 선택한 사람

인생에서 판타지를 추구하는 타입. 현실에서 일어나는 일이나 가까운 인간관계보다도 영화나 소설 같은 이야기 속 세계에서 리얼리티를 잘 느끼는 듯하다. 늘 그러한 세계를 가까이하지 않으면 인생이 무미건조하다고 느낄지도.

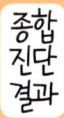

Q1~5의 대답에서 A가 몇 번 나왔는지 세어보자. 당신의 마음속에 있는 '성공 또는 패배' 의식과, 당신이 가장 능력을 잘 발휘할 수 있는 일처리 방식을 알 수 있다.

A의 수가 4~5개인 사람

인생에서 성공하고 싶은 사람. 상승 지향이 강하고 남보다 한 단계 높은 수준을 목표로 하며, 자신이 바라는 지위를 손에 넣기 위해서는 노력을 아끼지 않는 타입이다. 남보다 눈에 띄는 것을 좋아하고, 남들 앞에서 설명회를 하거나 자신이 중심이 되어 팀을 통합하는 일에 의욕이 생길 것이다.

A의 수가 2~3개인 사람

'패배자'는 되고 싶지 않지만 '성공한 자'의 인생도 나름대로 힘들 것이라 생각하여 보통 수준이나 그보다 조금 위를 지향하는 사람. 최고가 되기보다는 두 번째가 좋다고 느끼는 듯. 일에서는 자신이 알아서 마음대로 하는 것보다 틀과 매뉴얼이 있는 편이 효율적으로 일을 할 수 있을 것이다.

A의 수가 0~1개인 사람

남들이 '패배자'라고 불러도 별로 상관없다고 생각하는 사람. 경쟁은 하고 싶지 않다고 생각하며, 자신이 하고 싶은 일에 천천히 몰두해가면서 가치를 발견한다. 남에게 간섭받지 않고 마이페이스 스타일로 해나갈 수 있는 시간과 장소가 있으면 창조적이고 생산적인 일을 할 수 있을 것이다.

Test 33

축제에서 아이가 산 물건은?

여름 축제가 열리고 있다. 축제장의 한 가게에서 용돈을 받은 아이가 무엇인가를 사려고 한다. 아이는 무엇을 샀을까?

A 가면

B 권총

C 불량식품

D 딱지나 공깃돌 같은 장난감

Test 33 ;진단 결과

이 테스트에서는 당신이 어릴 적에 채워지지 않았던 욕구를 알 수 있다.
축제가 열리는 곳에서 노점에 펼쳐놓은 물건은 동심을 자극한다.
무엇을 고를까에 대한 대답에는 어릴 적에 채워지지 않았던 바람이 반영되어 있다.

사실은 더욱 눈에 띄고 싶었다

"눈에 띄고 싶다."는 욕구가 채워지지 않았던 사람. 사실은 스포트라이트를 받는 스타처럼 자신도 사람들에게 주목받고 동경의 대상이 되고 싶었을 것이다. 하지만 언제부터인지 '튀고 싶어하는 사람' '주제넘은 사람'이라고 비난하는 소리가 무서워서 튀고 싶다는 소원을 눌러온 것은 아닌지? 그것이 지금 튀는 사람에 대한 시샘으로 나타나는 듯하다.

사실은 아주 싫어하는 친구를 혼내주고 싶었다

"싫어하는 사람을 혼내주고 싶다."는 충동을 억눌러온 사람이다. 자신에게 짓궂게 한 친구나 마음에 들지 않았던 친구를 마음껏 혼내주고 싶었지만 "복수 같은 건 해선 안 된다."고 배워 그것이 불가능했을 것이다. 그 때문에 지금도 그 일을 떠올리면 마음속 깊은 곳에서 화가 치밀어오른 적이 있지 않았는지? 그것이 지금 모르는 사람에게까지 도전적인 태도를 취하는 원인이 되었을지도 모른다.

사실은 더 나쁜 짓도 하고 싶었다!

"나쁜 아이가 되겠다."는 소원이 채워지지 않았던 사람. 사실은 마음껏 하고 싶은 말 다 해보고 싶었고 나쁜 짓도 하고 싶었다. 하지만 마음 어딘가에서 '멋대로 굴면 안 돼.' '나쁜 짓을 해서는 안돼.'라는 목소리가 있어서 자신을 통제해온 것은 아닐까? 그것이 지금도 '말 잘 듣는 아이'로 보이려 하는 습관이 되지 않았는지?

늘 진정한 친구를 갖고 싶었다

"친구를 갖고 싶다."는 소원이 충분히 채워지지 않았던 사람. 실제로 친구가 없었거나, 같이 어울리는 친구와 성격이 맞지 않았거나, 혹은 따돌림을 당했거나 괴롭힘을 당한 경험이 있었는지도 모른다. 그것이 그만 인간관계를 두려워하는 자신을 만들어내지는 않았는지?

# Test 34

운 좋은 사람? 운 나쁜 사람?

다음 ① ~ ⑭의 항목에서 '자신에게 맞는다.'라고 생각하면 2점. '그럭저럭 맞는다.' 혹은 '이도 저도 아니다.'라고 생각하면 1점. '맞지 않는다.'일 경우는 0점으로 점수를 매겨 □ 속에 그 점수를 적어보자. 답쓰기가 끝나면 합계를 내보자.

- □ ① 역의 승강장이나 버스 정류장에 도착하면 자신이 타려고 했던 전철 혹은 버스가 마침 출발하려는 경우가 많다.
- □ ② 추첨운이 나빠 제비뽑기에서 참가상 이외에 당첨된 적이 없다.
- □ ③ 약속한 사람과 만나지 못하거나 상대방이 오지 않은 적이 자주 있다.
- □ ④ 화장실로 뛰어들어갔는데 막혀 있거나 청소 중이라 사용하지 못한 경우가 자주 있다.
- □ ⑤ 물건을 사면 처음부터 망가져 있거나 부품이 부족하거나 불량품이었던 적이 몇 번 있다.
- □ ⑥ 남에게 칭찬받으면 '뭔가 꿍꿍이가 있을 거야.' 하고 지레 의심한다.
- □ ⑦ 다른 사람들은 멋진 애인이나 결혼 상대, 친구가 있는데 자신은 좋은 사람이 없다.

- ⑧ 자신과 같은 세대나 친구들과 비교해서 자신의 월급이나 아르바이트비가 너무 적다고 생각한다.
- ⑨ 집 안에서 뭔가 물건을 찾으려 할 때 어디 있는지 못 찾고 포기하는 일이 많다.
- ⑩ '넌 운이 좋아' 또는 '꼭 행복하게 될 거야'라는 제목의 책을 바로 손에 들고 만다.
- ⑪ 시험이나 면접을 보기 전부터 '떨어질지도 모른다.'고 예감한 적이 있다.
- ⑫ "이렇게 해봐." 하는 조언과 "이렇게 하면 안 돼." 하는 조언 중에서 "하면 안 된다."는 조언을 실천한다.
- ⑬ 친구가 성공하거나 행복한 모습을 보면 자신이 실패자거나 불행한 듯한 생각이 든다.
- ⑭ 칭찬을 많이 받아도 한 가지라도 비난을 받으면 비난받은 점에만 신경이 쓰인다.

합계

점

Test 34 ;진단 결과

이 테스트에서는 당신이 기회를 잡을 수 있는지 아닌지를 알려준다. '굴러들어온 호박'처럼 뜻밖의 행운이 찾아 들어오는 것을 '운이 좋다.'라고 생각하는 경향이 있지만, '스스로 기회를 잡을 수 있는 사람=운이 좋은 사람', '기회를 놓쳐버린 사람=운이 나쁜 사람'이라고 달리 생각할 수도 있다. 이 테스트에서는 지금 당신의 심리적인 경향으로 말미암아 당신이 운을 잡을 수 있는 타입인지 아닌지를 판단한다.

22 점 이상인 사람   부정적 사고가 강해 기회를 놓치는 '운이 나쁜 사람'

당신은 스스로 기회를 놓쳐버리고 마는 '운이 나쁜 사람'. 하지만 그것은 "나는 운이 나쁘다."고 단정짓고 뭐든지 부정적으로 파악하고 불행한 일만 기억하는 당신의 마음 자세가 그렇게 만들고 있는 듯하다. 부정적인 사고는 눈앞의 기회를 놓치고 재수가 없다는 생각을 한층 강하게 할 뿐이다. 작은 행복을 소중하게 여기는 것부터 시작해보라.

14~21 점인 사람   자신감 부족으로 '운이 나쁘다.'고 생각하는 경향이 있는 사람

말하자면 눈앞의 기회를 놓치기 쉬운 사람이다. 스스로에 대한 자신감이 부족해 매사를 나쁜 쪽으로 생각하는 경향이 있다. 그러나 생각을 바꿔보라. 넘어져서 삐기라도 하면 "부러지지 않아서 다행이야!" 하고 생각하듯이, 부정적으로 보이는 일도 긍정적으로 받아들여 보라. 매사에 좋은 방향으로 해석하는 습관을 들이면 당신은 운이 좋은 사람으로 달라질 수 있다.

기회를 잡는 적극성이 부족하여 '운이 좋지도 나쁘지도 않은 사람'

그다지 부정적인 생각을 하는 타입은 아니고, 비교적 매사를 긍정적인 눈으로 보려고 하는 사람이다. 하지만 적극적으로 기회를 잡으려고 하는 자세가 결여되어 '운이 좋지도 나쁘지도 않은' 상태에 머물러 있는 듯하다. 늘 긍정적인 사고로 현실에 대응하려면 어떤 의미에서 용기가 필요한데, 당신은 매사에 더욱 용기를 발휘할 필요가 있다. 그렇게 하면 지금 이상으로 운을 불러들일 수 있을 것이다.

스스로 기회를 잡을 수 있는 '운이 좋은 사람'

기회를 확실히 자기 것으로 만드는 사람이다. 주위에서는 단순히 '운이 좋은 사람'이라고 치부할지도 모르지만, 그것은 당신이 무슨 일이든 긍정적으로 파악하고 스스로를 믿으며 여러 가지로 도전하는 타입이기 때문이다. 아무 근거도 없는 낙관주의는 어리석지만, 현실을 파악한 후에 긍정적으로 생각하는 자세는 행운을 여는 열쇠가 될 것이다.

남을 깎아내리면
자신의 수준이 올라간다?

남을 곧잘 무시하거나 깔보는 사람이 있다. 다른 사람이 칭찬을 받으면 자신이 무시당했다고 생각하여 무심코 "하지만 저 사람은 이런 면도 있어." 하고 일부러 그 사람의 결점을 지적하는 사람도 있다.

이 같은 마음의 작용은 사람을 얕보고 비방하면 상대적으로 자신이 한 단계 올라간다는 잘못된 생각에서 오는 것이다. 실제로는 비난하는 본인만 기분이 좋아질 뿐이며, 주위 사람들은 "웬 질투야." 하며 당신의 속내를 꿰뚫어보거나 '이상한 사람.'이라고 여겨 자신도 모르게 본인의 가치를 떨어뜨리게 될 수도 있다. 결국 생각과는 반대로 자신이 스스로의 가치를 떨어뜨리고 마는 것이다.

이것을 뒤집어 말하면 남을 칭찬하는 사람은 칭찬을 함으로써 스스로의 가치를 한 단계 올릴 수 있다. 왜냐하면 진짜 실력이 있고 남들에게 인정받으며 스스로에게 자신감이 있는 사람은 남을 시샘할 필요도, 일부러 남을 비방할 필요도 없기 때문이다. 되도록 남의 장점을 칭찬하는 사람이 되자.

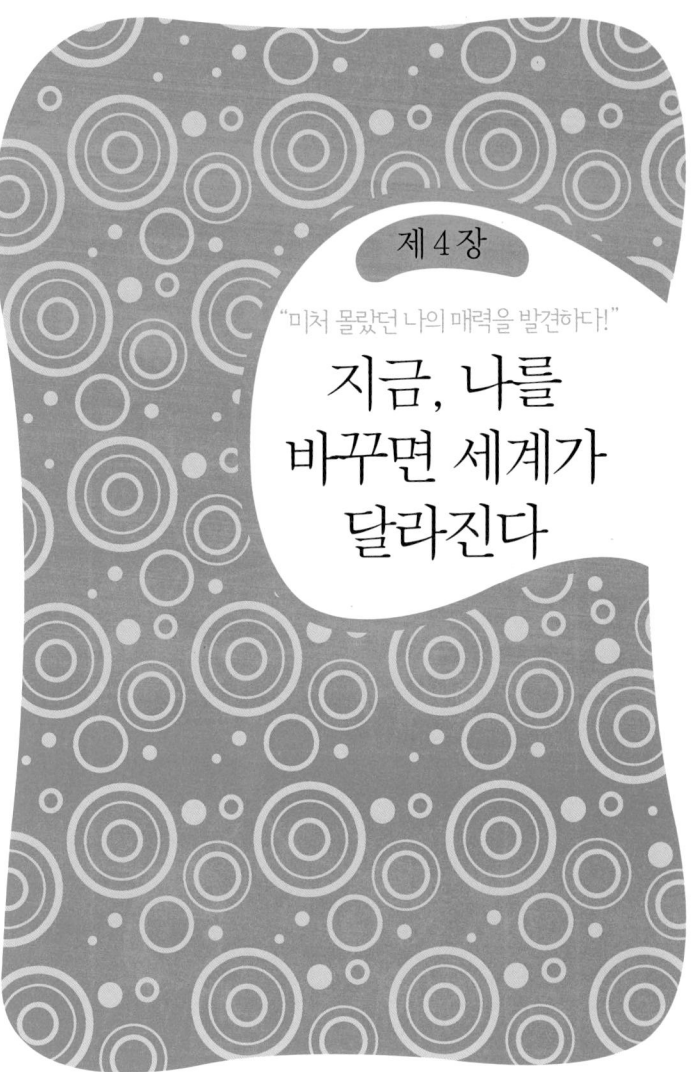

제4장

"미처 몰랐던 나의 매력을 발견하다!"

지금, 나를 바꾸면 세계가 달라진다

"시점을 조금 바꾸면, 나도 세계도 바뀌는 법"

당신 안에는 자신도 모르는 매력이 가득하다. 그 '매력의 요소'를 키우면 하루하루가 분명 더 행복해질 것이다.

Test 35

초원 위 오도카니 있는 집

초원 한가운데 집 한 채가 있는 그림이 있다. 집 주변에는 아무것도 없다. 아주 스산하고 허전하여 이 그림에 무언가 그려넣으려고 한다. 당신이라면 어떻게 할까? 다음 A~D 중에서 하나를 골라보자.

제4장 지금, 나를 바꾸면 세계가 달라진다

Test 35 ;진단 결과

이 테스트에서는 당신의 결혼에 관한 가치관을 알 수 있다.
초원의 한가운데에 있는 집은 당신이 지향하는 인생의 도착 지점을 나타낸다. 그 주위에 그려진 풍경은 당신이 이상적으로 생각하는 인생을 꾸며주는 장식. 어떤 풍경을 고르는가에 따라 당신의 결혼에 대한 생각을 알 수 있다.

선택한 사람

결혼은 사회적 지위나 신분을 보장하는 것

당신은 결혼을 사회적 신분, 즉 자신의 지위나 신분을 보증하는 것으로 생각하고 있다. 결혼 상대로는 가능한 한 조건이 좋은 사람을 바란다. 또 연애와 결혼은 별개라고 생각한다. 결혼하면 남의 눈에 행복하게 보이는 이상적인 가정을 이루고, 일이나 사회활동으로 바쁘게 생활할 것이다.

선택한 사람

결혼은 인생의 보장 혹은 보험과 비슷한 것

결혼을 안정된 인생을 보내기 위한 보험 같은 것으로 생각하는 사람이다. 결혼하면 남들처럼 행복해진다고 생각하며, 앞 일을 생각해 상대방을 만나기 전부터 착실히 결혼 자금을 모으고 있지는 않은지? 결혼 상대로는 성실하고 열심히 일하는 가정적인 사람을 바란다. 하지만 한번 좋아하면 통제를 못하고 주위에서 반대하는 사람과 결국 결혼해서 고생할 가능성도 있다.

결혼생활에 큰 욕심은 없고 평온한 인생을 바란다

당신은 부부나 가족이 사이좋게 탈없이 평온하게 살 수 있는 결혼생활을 바라고 있다. 도시 생활보다도 시골 생활을 동경하며, 여유롭고 스트레스가 없는 느린 삶을 살고 싶어하지는 않는지? 결혼 상대로는 성격이 느긋한 사람을 원하는데, 아무 생각 없이 사귀다가 헤어지기 힘들어서 어느새 함께 살게 되는 관계가 좋을 듯하다.

결혼해도 가정에 얽매이고 싶지 않다. 자유를 원해!

당신은 결혼해도 배우자나 가정에 얽매이고 싶지 않다. 독신 시절과 같은 자유를 잃고 싶지 않다는 생각이 강한 사람. 물론 좋아하는 사람과 결혼하여 함께 사는 것이 가장 좋지만, 결혼 때문에 자신만의 시간이나 취미생활에 제약을 받는 것은 싫어하는 면이 있다. 설령 아이가 생겨도 모든 일을 아이 우선이 아니라 자신이 하고 싶은 것을 최우선으로 하는 타입이다.

Test 36

이 선물을 누가 보냈을까?

여기 선물이 한 개 있다. 이 선물은 누가 누구에게 보냈을까? 다음 A~D 중에서 하나를 골라보자.

A 그 사람이 나에게 보낸 선물

B 내가 그 사람에게 보내는 선물

C 내가 나에게 주는 포상

D 주인을 알 수 없는 선물

Test 36 ;진단 결과

이 테스트에서는 당신에게 사랑이란 어떤 것인지 알 수 있다.
선물은 사랑하는 마음을 상징한다. 그것을 누가 누구에게 보내는가로 당신이 심층심리에서 그리는 '사랑'이 어떤 것인지 알 수 있다.

선택한 사람

단지 사랑만 받고 싶을 뿐

당신은 사랑받고 싶고 헌신적으로 대해주길 바라는 마음이 강한 사람. "진짜 나를 사랑한다면 뭐든지 해줄 거야?" "사랑한다는 증거를 보여줘." 하면서 상대방을 추궁하여 사랑하고 있는지 늘 확인하고 싶어하는 타입이다. 하지만 자신은 상대에게 바라는 만큼 그 사람을 위해 헌신적인 태도를 취하지는 않고 오로지 사랑받기를 바라는 사람인 듯하다.

선택한 사람

사랑받고 싶어서 상대방을 사랑한다

당신은 사랑하는 사람을 위해 헌신을 다하는 사람. 사랑받기보다는 사랑하는 것에 기쁨을 느끼는 타입이다. 하지만 이런 타입의 사람은 독점욕이 강하고, 상대방을 자신의 것으로 만들기 위해 상대방에게 본인이 없으면 안 되도록 노력한다. 즉 거기에는 "자신이 사랑받고 싶어서 사랑한다."라는 마음이 있는 것이다.

난 나만 사랑해!

당신은 누구보다 자기 자신을 가장 사랑하는 사람. 이른바 자기애가 강한 사람이다. 남은 어디까지나 자신을 비추는 거울에 지나지 않으며, 거울인 상대방보다 오히려 상대방의 속에 비춰진 자신에게 관심이 있다. 이런 타입의 사람이 찾는 연인은 우선 자신을 빛나게 해줄 사람이 아니면 안 된다. 자기 자신이 아니면 진짜 사랑을 바치지 못하는 사람인지도 모른다.

사랑이 뭐야? 알 수도 느낄 수도 없어!

당신은 좀처럼 사랑을 느끼지 못하는 사람. 사랑을 느낀다기보다는 오히려 "사랑이 뭐야?" 하고 머릿속으로 생각하거나 자기 나름대로 그 대답을 찾아내려고 하는 타입이다. 그러다 사랑이 어떤 것인지 점점 알 수 없게 되어 연애에서 멀어져 버릴 수도 있다. 사실 당신의 내면에는 사랑을 느끼는 것을 두려워하는 마음이 있는 듯하다.

Test 37

놀이공원에서 관람차를 타자!

놀이공원에 놀러 간 당신은 지금 관람차를 타고 있다. 오른쪽 그림의 A~F의 관람차 중에 어디에 타고 있을까? 그런데 가장 높은 곳과 가장 낮은 곳의 관람차에는 이미 다른 사람이 타고 있다.

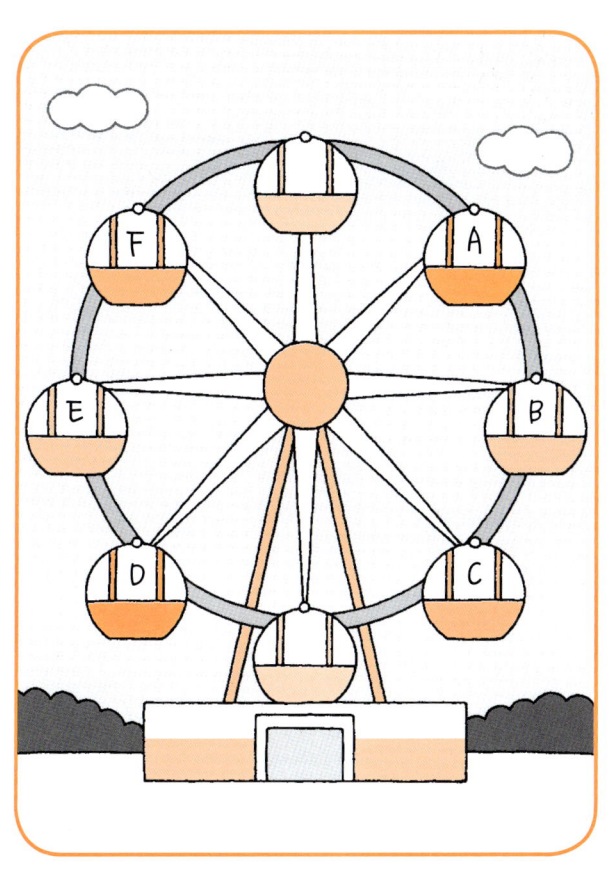

Test 37 ;진단 결과

이 테스트에서는 당신의 자기 성장의 방향을 알 수 있다.
관람차의 높이에 따라 '이상' '현실' '자기 자신'이라는 세 위치 관계를 표현하고 있다. 어떤 관람차를 선택하느냐에 따라 이 세 관계를 토대로 자기 성장의 방향을 알 수 있다.

큰 이상을 가지고 항상 목표를 향해 노력하는 타입

스스로 큰 이상을 가진 사람이다. 항상 더 높은 목표를 내걸고, 수준을 높이고 목표를 뛰어넘기 위해서 열심히 노력한다. 일이든 뭐든 해야 할 일은 완벽하게 이루어내겠다는 마음이 강하다. 하지만 그 완벽함을 추구하는 태도가 일이나 인간관계에서 과도하게 긴장감을 초래하는 요인이 되는지도 모른다.

현실 적응력이 뛰어나고 단기간에 실적을 올리는 타입

현실 적응력이 뛰어난 사람이다. 목표를 달성하려는 의지가 강하고, 짧은 기간 내에 경력을 쌓거나 실적을 쌓을 수 있을 것이다. 적극적으로 자신을 알리고, 자신에게 도움이 되는 인맥을 만들어가는 일에도 뛰어나다. 하지만 일처리 방식이나 인간관계에서 성실함이 부족한 면이 있고, 그것이 주위 사람에게 나쁜 인상을 주어 적을 만들 수도 있다.

C 선택한 사람
감수성이 풍부하고 사람들과 친해질 줄 아는 타입. 감정적인 판단을 조심할 것.

감수성이 풍부하고, 자기 자신의 마음과 남의 마음속 내면 상태에 관심을 갖는 사람. 남의 마음을 이해하고, 특히 마음이 약한 사람의 고민을 들어주거나 상대방의 마음에 가까이 다가간다. 반면에 사물을 보는 관점이 주관적인 경향이 있고, 자신의 감정에 너무 빠진 나머지 사실을 제대로 파악하지 못하는 일이 있을지도 모른다.

D 선택한 사람
지적 욕구가 강하고 좋아하는 일에 몰두한다. 세상의 상식에 얽매이지 않는 발상을 하는 타입

지적인 탐구심이 강한 사람이다. 한 가지 일에 깊게 집중하고 자신이 흥미를 가진 세계에 몰두하거나 특수한 전문 분야의 달인이 될 수 있는 소질이 있다. 또한 선입견이나 고정관념에 얽매이지 않으며, 완전히 새로운 시각으로 사물을 보거나 독특한 발상을 떠올리기도 한다. 한편 미묘하게 상식에서 벗어나는 면이 있어 주위에서 조금 특이한 사람이라고 여길지도 모른다.

Test 37 : 진단 결과

선택한 사람

E 주위의 기대를 민감하게 살펴서 그 기대에 부응하는 타입. 하지만 그것이 지나치면 자신을 잃을 수도

당신은 단체 적응력이 뛰어난 사람. 주위에서 자신에게 무엇을 기대하는지 민감하게 살펴서 기대하는 역할을 해나갈 수 있을 것이다. 주위에 대한 배려도 뛰어나고, 분위기를 누그러뜨리는 애교를 발휘해서 모두에게 사랑받는 타입이라고 할 수 있다. 반면에 주위의 기대에 맞추려고만 해서 자신을 잃게 되는 일이 있을지도 모르겠다.

선택한 사람

F 큰 꿈이나 비전을 가지고 그것을 향해서 나아가는 타입

당신은 큰 꿈과 비전을 가지고 있다. 무언가 자신의 힘으로 꼭 이루고 싶은 일이 있을 듯. 그것이 비즈니스인지 어떤 분야인지 알 수 없지만 실제로 행동으로 옮기면 일은 앞을 향해서 움직이기 시작할 것이다. 하지만 큰 일만 생각하고 눈앞의 작은 일을 꼼꼼히 해나가지 않으면 아무것도 이룰 수 없다.

ONE POINT ADVICE

당신이 아는 사람 중에서 한 명을 떠올리고 그 사람이 A~F의 관람차 중에서 어디에 앉아 있는지 상상해보라. 그 사람이 타고 있는 관람차와 당신이 타고 있는 관람차의 위치 관계에서 두 사람이 어떤 성격 차이를 보이는지, 또 얼마나 잘 맞는지 알 수 있다.

우선 오른쪽에 위치한 'A~B~C'와 왼쪽의 'F~E~D' 두 가지로 나눌 때, 남녀 관계없이 'A~B~C'는 여성다운 기질, 즉 풍부한 감정이나 정서적인 면, 남에 대한 관심 등이 더 강하다. 'F~E~D'는 남성적인 기질, 즉 이성적이며 객관적이고 냉철함이라는 성품이 더 뚜렷하다.

'A~F' 위치 관계는 자기주장이 강하다는 것을 나타내며, 나아가 둘을 비교하면 A는 정의감이 강한 사람, F는 선악과는 동떨어진 가치관을 가지는데, 말하자면 나쁜 사람인 척하는 면이 있는 사람이다. 'B~E'의 위치 관계에서 B는 스스로에게 자신감을 가지고 있는 사람, E는 금세 불안해하는 경향이 있는 사람. 'C~D'의 위치 관계에서 C는 세상과 사물을 바라보는 관점이 더 주관적이며, D는 더 객관적인 사람이다.

또한 'A~D', 'B~E', 'C~F'의 위치 관계는 정반대인데, 그만큼 서로 다르고 이해하기 힘든 면이 있는 타입이라는 뜻이다.

자, 이 해석이 당신과 그 사람에게 잘 들어맞았는지?

Test 38

식탁보를 무슨 색으로 바꿀까?

친구를 우리 집으로 초대해 저녁을 같이 먹기로 했다. 식탁보를 새롭게 바꾸려고 하는데 무슨 색이 좋을까? 당신이라면 다음 A~C 중 어떤 색깔을 선택하겠는가?

A 베이지나 오렌지 계열

B 핑크 계열이나 꽃무늬

C 블루 계열이나 그린 계열

Test 38 ; 진단 결과

이 테스트에서는 당신이 사람을 어떻게 받아들이는지 알려준다.
색이나 생김새의 취향은 그 사람이 어떤 성격인지를 나타낸다. 당신이 선택한 테이블보 색에서 당신이 남을 어떻게 받아들이는지를 알 수 있다.

선택한 사람

A 오는 사람 안 막아. 어떤 사람이라도 받아들이며 열린 마음으로 사귄다

당신은 어떤 사람이라도 상당히 관용적으로 받아들일 수 있는 사람. 자신이 먼저 적극적으로 남에게 다가가는 타입은 아니지만 "오는 사람은 안 막는다."는 면이 있어 자신에게 다가오는 사람은 대체적으로 받아들인다. 그리고 누구에게도 표리부동하지 않고 열린 마음으로 사귀려고 한다. 하지만 그런 태도가 주위에서 보면 '아무에게나 잘하는 사람'으로 비칠 수도 있을 듯하다. 누구와 가장 친한지, 누구랑 어울리는지 때로는 확실한 태도를 보이는 것이 좋을 때도 있다.

B 좋고 싫음이 뚜렷해, 사람을 대하는 태도에도 크게 차이난다

당신은 사람을 대하는 데 좋고 싫음이 상당히 뚜렷한 사람. 좋아하는 사람에게는 먼저 다가가 상대방이 좋아할 만한 이야기를 하거나 조그마한 선물을 주는 타입이다. 당신에게 그러한 대화나 선물은 호감의 표현일 것이다. 그런 반면 싫은 사람에게는 냉정한 태도를 취하고, 지나치면서도 모르는 척해버리는 면이 있지는 않은지? 하지만 스스로는 누구나 자신에게 호감을 갖길 바랄 것이다. 그렇다면 싫어하는 사람에게도 친절하게, 적어도 싫은 내색을 겉으로 드러내지 않는 성숙한 태도로 대해볼 것.

 C 어려워하는 사람이 많고, 스스로 관계를 피해버린다

당신은 사람을 어려워하는 면을 가지고 있는 사람. "저런 타입은 좀 그래." 하는 사람이 주위에 몇 명 있지 않은지? 특히 자기주장이 강한 사람이나 위압적인 사람, 요란하고 튀기 좋아하는 사람, 무신경한 사람은 먼저 피해버리고 관여하지 않으려고 할 것이다. 그래서 상대방에게 차가운 사람이라거나 내성적인 사람, 무슨 생각을 하는지 알 수 없는 사람이라고 쉽게 오해받기도 한다. 적어도 먼저 남에게 인사를 해보자. 남과 눈을 맞추고 대화하도록 노력해보자.

Test 39

사랑의 문장을 완성한다면?

당신이라면 아래 문장의 빈칸에 어떤 말을 넣겠는가? 각각 세 가지 선택 사항 중에서 하나를 골라보자.

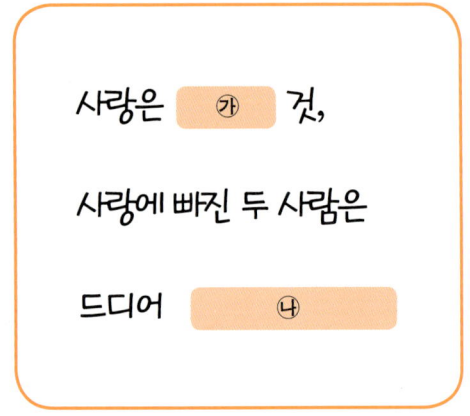

사랑은 ㉮ 것,

사랑에 빠진 두 사람은

드디어 ㉯

㉠에 들어갈 말은?

A 빼앗는

B 주는

C 생각하는

㉡에 들어갈 말은?

X 마음이 변한다.

Y 싸우고 헤어진다.

Z 형제자매 같은 사이가 된다.

Test 39 ;진단 결과

이 테스트에서는 당신이 싫어하는 사람을 어떻게 대하는지 그 태도를 알 수 있다.

인간관계에 좋고 싫은 감정은 으레 따르기 마련. 연애에 관한 문장에서 당신이 연상한 단어는 인간관계에 대한 당신의 기본적인 자세를 나타낸다. 두 빈칸에 들어갈 단어의 조합에 의해 당신이 싫어하는 사람에게 어떠한 태도를 취하고 있는지를 알 수 있다.

- A '빼앗는'과 X '마음이 변한다'를 선택한 사람 ⇨ 타입1
- C '생각하는'과 Y '싸우고 헤어진다'를 선택한 사람

- A '빼앗는'과 Z '형제자매 같은 사이가 된다'를 선택한 사람 ⇨ 타입2
- B '주는'과 Y '싸우고 헤어진다'를 선택한 사람

- C '생각하는'과 Y '형제자매 같은 사이가 된다'를 선택한 사람 ⇨ 타입3
- B '주는'과 X '마음이 변한다'를 선택한 사람

- A '빼앗는'과 Y '싸우고 헤어진다'를 선택한 사람 ⇨ 타입4

- B '주는'과 Y '형제자매 같은 관계가 된다'를 선택한 사람 ⇨ 타입5

- C '생각하는'과 X '마음이 변한다'를 선택한 사람 ⇨ 타입6

1 타입 — 감정이 가는 대로 상대를 공격한다
당신은 자신의 감정을 밖으로 드러내지 않고는 못 견디는 타입. 싫어하는 사람은 그때의 감정에 따라 가차없이 공격해버리는 면이 있다. 다른 사람이 "그렇게까지 해야겠어?" 하고 질릴 만큼 상대방의 모든 것을 비난하는 심한 말을 입에 담은 적은 없는지?

2 타입 — 기본적으로 관용. 하지만 누가 내 욕을 할 때는 절대로 용서 없다
당신은 싫어하는 사람에게도 관용적인 태도를 유지하는 사람. 하지만 상대방이 자신을 나쁘게 얘기하거나 헐뜯는 것을 알면 절대로 용서하지 않고, 주위 사람들에게 "저 사람이 그때 이런 욕을 했어." 하고 시간이 지나도 집요하게 그 일을 되풀이한다.

3 타입 — 상대방을 나쁜 사람으로 몰아붙여 주위에서 따돌린다
당신은 싫어하는 사람을 가해자로 몰아 자신은 피해자인 양 행동하고, 주위 사람들이 "저 사람은 나쁜 사람."이라고 믿게 하려고 한다. 그리고 교묘하게 주위 사람들의 비위를 맞춰 자기 편으로 만들어 상대방을 따돌리려고 한다.

Test 39 : 진단 결과

싫어하는 사람은 서로 얽히지 않으려고 피하거나 철저하게 무시한다

당신은 싫어하는 사람과는 가능한 한 얽히고 싶어하지 않으며 또한 실제로 얽히지 않는 사람이다. 그 사람과 만나지도 않고 그 사람을 화제로 삼지도 않고 상대방이 존재하지도 않는다는 듯이 행동한다. 특히 자신의 눈앞에서 사라져주면 좋겠다고 생각하지는 않는지?

싫어하는 사람에게도 마치 좋아하는 사람을 대하듯이 행동한다

당신은 싫어하는 사람에게도 자신의 좋은 인상을 주려고 애쓰는 타입이다. 일부러 자신이 먼저 그 사람에게 말을 걸고 친절하게 대하는 면도 있다. 행여나 자신의 마음속에서 그 사람에 대해 부정적인 감정이 일어나면 "그렇게 생각하면 안 돼." 하고 극구 부정하고 마음을 다잡으려 한다.

부러움이 악의로 변한다

당신은 싫어하는 사람을 "틀림없이 그 사람은 나보다 더 즐거운 일이 많다."고 단정짓는 듯하다. 심술궂어서 싫어하거나 성격이 안 맞는 사람을 멀리하기보다 오히려 "질투나게 하는 사람을 싫어한다."고 하는 편이 맞을지도 모른다. 부당한 일을 당한 것도 아닌데 그저 "자신보다 즐거운 일이 많다."는 이유로 그 사람을 나쁘게 말하고 있지는 않은지?

ONE POINT ADVICE

당신이 사람들을 어려워하는 마음을 지니고 있거나 상대방을 싫어한다면 대체로 상대방도 똑같이 당신을 싫어하거나 적어도 좋게 생각하지는 않을 것이다. 하지만 사람들을 어려워하는 것이나 싫다는 감정은 상대방을 잘 모르기 때문에 생겨나기도 하고, 자신의 고정관념에 따라 마음대로 그 사람의 이미지를 만들어내기 때문이기도 하다. 그러므로 두려워하지 말고 그 사람에게 다가가 자신이 먼저 인사를 하거나 말을 걸어보라. 의외로 생각보다 좋은 사람일지도 모른다.

Test 40

딱 내 타입과 잘될 자리는?

미팅에 나가보니 참가자들 중에서 딱 당신 타입을 발견했다! 모두 앉고 싶은 대로 앉기로 했는데 당신은 그 사람과의 위치 관계를 생각해서 어느 자리에 앉겠는가?

A 그 사람의 바로 맞은편 자리

B 그 사람의 옆자리

C 그 사람에게서 약간 떨어진 자리

D 자리를 여기저기 옮긴다

Test 40 ;진단 결과

이 테스트에서는 친한 인간관계에서 당신이 어떤 경우에 스트레스를 느끼는지 알 수 있다.

신경 쓰이는 이성과의 위치 관계에서 당신이 앉으려고 하는 자리는 연인이나 결혼 상대자 등 친한 사람과의 쾌적한 거리감을 나타낸다. 거기에서 당신이 그 사람과의 관계에서 어떤 일로 스트레스를 느끼는지 알 수 있다.

선택한 사람

A 하고 싶은 이야기가 있으면 확실히 말해!

당신은 친한 사람이 뭔가 숨기는 일이 있으면 가장 스트레스를 받는다. 뭐든지 자신에게 털어놓길 바라고, 하고 싶은 말이 있으면 확실히 이야기하기를 바란다. '말을 안 하면 어떻게 알아.' 하고 생각하는 타입이다. 하지만 그 때문에 자신은 너무 딱부러지게 이야기하거나, 상대방의 말에 드러나지 않는 섬세한 감정이나 배려, 심리적인 방황 등을 헤아리는 일이 서툰 듯하다.

선택한 사람

B 눈치도 없이! 좀 더 사람들과 친하게 지내!

당신은 친한 사람이 자신의 가족이나 친구들과 사이좋게 지내지 않으면 가장 스트레스를 받는다. 자신은 늘 친구의 아는 사람들에게도 마음을 쓰고 있기 때문에 상대방도 조금은 신경을 써주었으면 하는 마음이 강하다. 하지만 그 때문에 주위에 대한 배려가 부족하다고 지적받은 친구는 오히려 당신이 주위 사람들에게 지나치게 신경을 쓴다고 여기고 단순한 푸념이라고 흘려들을지도 모른다.

섬세하지 못한 점이 싫어!

당신은 아무리 친한 관계라도 넉살좋게 자신의 세계에 파고들면 가장 스트레스를 받는다. 자신의 일이나 취미세계에 간섭받고 싶지 않으며, 자신도 별로 상대방의 세계에 관여하고 싶어하지 않는 타입이다. 그렇기 때문에 상대방이 그 선을 넘거나 강하게 자신의 취향을 밀어붙이면 불쾌해하고, "무신경한 사람이야." 하고 불평할 듯하다.

장황하게 불평 좀 그만해!

당신은 자신이 기분이 좋을 때 상대방이 그 기분을 망치는 불평이나 불만을 이야기하면 가장 스트레스를 받는다. "어차피 할 거면 즐겁게 하자." "더 밝게 행동해." 하고 말하고 싶어하는 타입이다. 하지만 그 때문에 상대방의 고민이나 불만에 조금도 귀를 기울이려고 하지 않고, 반대로 상대방에게 스트레스를 주는 면이 있을지도 모른다.

제4장 지금, 나를 바꾸면 세계가 달라진다

Test 41

내 친구의 집은 어디일까?

멀리 이사를 간 친구의 집에 처음으로 놀러 가기로 했다. 가까운 역에서 지도를 보면서 걸어가려고 한다. 그 장면을 떠올리면서 다음 Q1~Q4의 질문에 대답해보자.

Q1

역에서 내려 처음 나오는 모퉁이에 들어가 보고 싶은 가게가 있다. 그것은 어떤 가게일까?

A 빵집

B 꽃집

C 문구점

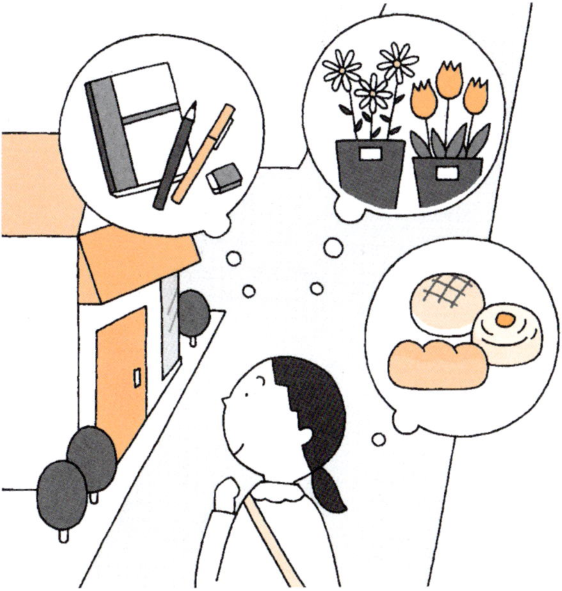

Test 41

Q 2

지도대로 찾아가는 도중에 길을 잃고 말았다. 이제 어떻게 할까?

A 개를 산책시키는 사람에게 물어본다.

B 지구대의 경찰관에게 물어본다.

C 아무에게도 물어보지 않고 스스로 찾는다.

Q 3

바른 길을 찾아 걸어가다 보니 지도에 그려진 공원이 나왔다. 그 공원에서 당신은 '괜찮을까?' 하고 걱정이 되는 사람을 보았다. 그 사람은 어떤 사람일까?

A 혼자 있는 아이

B 노숙자

C 어딘지 몸이 아파 보이는 노인

친구네 집 근처까지 왔다. 당신은 주위 환경을 보고 친구가 '이런 좋은 곳에서 살다니 부럽다.'고 생각했다. 집 근처에는 무엇이 있었을까?

A 연예인이나 유명인의 저택

B 미술관이나 콘서트홀

C 청정한 숲과 물

Test 41 ;진단 결과

이 테스트에서는 당신이 사람들의 호감을 얻을 수 있는 방법을 알려준다. 각 질문에 대한 대답에서 당신의 생활감각이나 낭비하는 습관이 드러나는 한편, 사람들에게 호감을 얻기 위한 힌트나 당신이 남을 위해 할 수 있는 일을 알 수 있다.

Q1 당신은 살아가면서 무엇을 중시하는가?

A를 선택한 사람

경제적으로 자립한다면 아무 문제없다고 생각하는 사람이다. 자신이 쓰는 만큼 스스로 일해서 돈을 벌고 저축하며, 생활을 유지할 수 있는 능력은 필요하다고 생각한다.

B를 선택한 사람

가족이나 친구가 있으면 문제없다고 생각하는 사람. 애정과 신뢰로 이어지는 인간관계가 있으면 아무리 곤란한 상황이라도 서로를 의지하며 도우면서 살아갈 수 있다. 그렇기 때문에 그런 사람과의 유대관계가 중요하다고 생각한다.

C를 선택한 사람

지식이나 기술, 특기가 있으면 문제없다고 생각하는 사람. 그러한 것들이 자신이 어떤 사람인가를 증명하고 남들에게 신용을 얻거나 지위를 얻기 위한 보장이 된다고 생각한다.

길을 잃었을 때 취하는 행동에서 당신이 어떤 부분에 금전적인 낭비를 하는지를 알 수 있다.

A를 선택한 사람

큰 쇼핑보다도 자잘한 쇼핑에서 낭비를 한 적이 많지 않은지? 별로 필요하지도 않은데 '있으면 편리하겠다.' '싸니까.' 하고 사버리거나 '선물을 하는 게 좋을까?' 하고 체면을 차릴 자리도 아닌데 체면을 차리거나 한다. 따로따로 보면 그렇게 큰 지출은 아닐지 모르지만 티끌 모아 태산이라고 나중에는 큰 낭비가 되고 만다.

B를 선택한 사람

평소에는 가능한 한 지출을 삼가고 절약을 하지만 남의 눈을 신경 써서 허영 때문에 돈을 써버리는 일은 없는지? '다들 가지고 있으니까.' '인간관계도 있고 이 정도 안 내면 민망하지.' 하고 주관 없이 돈을 쓰진 않는지? 허세를 부리다 보면 끝이 없다.

C를 선택한 사람

당신은 틀림없이 헛돈을 쓰지 말자는 가치관을 가진 사람으로 평소에는 쓸데없는 소비는 하지 않는다. 하지만 자신의 취미나 취향에 따라 아무래도 '이거 갖고 싶어.' '저건 하고 싶다.'고 생각하면 가격도 생각하지 않고 질러버리는 면이 있지 않은지? 또한 자잘한 곳에 아무렇게나 잔돈을 써버릴 듯하다. 금전적인 면에서 더욱 꼼꼼해질 필요가 있다.

Test 41 : 진단 결과

 '괜찮을까?' 하고 걱정되는 사람은 당신이 호감을 높이기 위해 무엇을 하면 좋을지를 알려준다.

A를 선택한 사람

당신이 의식해야 할 것은 상대방의 사생활이나 비밀 지키기. 경솔하게 근거 없는 이야기를 하거나 자리에 없는 사람의 소문을 이야기하는 일은 삼갈 것. 또한 필요 이상으로 상대방의 사생활에 깊이 파고들지 않음으로써 오히려 당신의 배려가 전해지거나 남들에게 더욱 호감을 살 수 있을 것이다.

B를 선택한 사람

남과 친해지려면 자신이 먼저 마음을 여는 태도가 중요하다. 도전적인 자세나 방어 자세를 버리고 어깨 힘을 빼고 자신이 먼저 편하게 말을 걸어보라. 인사만 해도 인상이 확 바뀔 것이다. 또한 다른 사람들에게 멋진 미소를 보낼 수 있도록 거울 앞에서 연습을 해본다.

C를 선택한 사람

당신이 더욱 호감을 사기 위해서는 우선 자신이 먼저 남을 비판하지 말 것. 주제넘게 남에게 자기 생각을 이야기하지 말고 우선 상대방이 하는 이야기를 긍정적으로 받아들이도록 마음을 기울여보자. 잠자코 수긍하면서 상대방의 이야기를 듣기만 해도 된다. 남의 이야기를 잘 들어주면 다른 사람도 당신을 잘 받아들이게 될 것이다.

부러워하는 환경에서 당신이 다른 사람을 위해서 무엇을 할 수 있는지 알 수 있다.

A를 선택한 사람

당신은 남의 재능과 능력을 간파하는 눈이 있는 듯하다. 그리고 "너는 이런 훌륭한 면이 있으니까." 하고 격려하거나 용기를 복돋워줄 수 있다. 자신이 활동의 중심이 되면서도 프로듀서 같은 역할을 하여 주위 사람을 지원해주면 좋을 것이다.

B를 선택한 사람

당신은 순수한 호기심에서 "이거 재밌어." "저거 신나." 하고 주위 사람에게 인생을 즐기는 방법을 전해줄 수도 있다. 항상 냉정하게 선악을 판단하는 눈을 가지면서, 한편으로 무언가에 몰두하여 열광할 수 있는 엔터테이너 같은 성격을 발휘하면 좋다.

C를 선택한 사람

당신은 남에게는 지극히 평범하다고 느끼는 일상에서 가치를 찾아내어 풍요롭게 바꿀 줄 아는 사람. 그리고 매사를 "이런 식으로도 볼 수 있어." 하고 표현할 수도 있다. 그런 관점을 가진 당신은 삶 그 자체에서 사랑과 자상함을 표현할 수 있는 사람이다. 너무 애를 쓰는 사람이나 힘들게 살아가고 있는 사람에게는 "그렇게 애쓰지 않아도 돼." 하고 말해보라.

Test 42

떠돌이 기사, 용과 한판 붙다

중세시대 어느 마을에서 있었던 이야기이다. 그 마을의 깊은 산속에는 무서운 용이 살았는데 잇달아 마을 사람들을 채어가 잡아먹었다. 이윽고 마을 장로의 딸까지도 용이 끌고 간 어느 날, 때마침 여행하는 떠돌이 기사가 마을을 지나고 있었다. 마을 사람들은 기사에게 용을 무찌르고 마을을 구해달라고 애원했다.
이제 이 이야기는 어떻게 전개될지 Q1~Q5의 질문에 대답해보자.

Q 1

장로를 비롯한 마을 사람들의 부탁을 받고 용을 잡으러 나선 기사는 언제 마을을 떠났을까?

A 새벽녘

B 해가 지고 나서

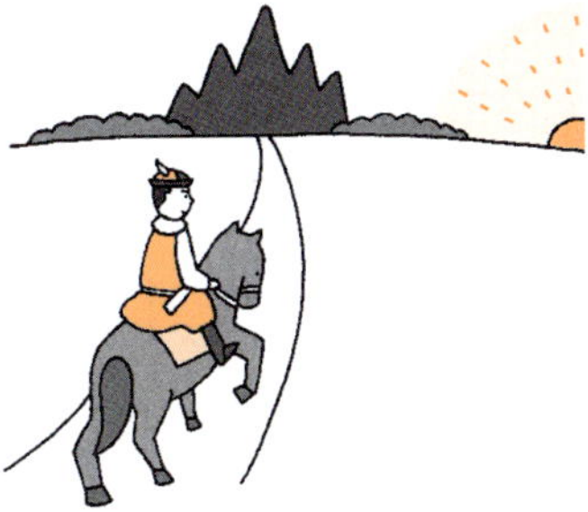

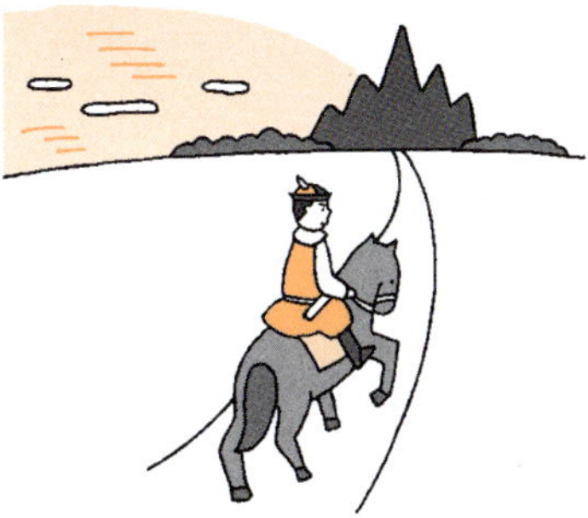

Test 42

Q 2

용이 사는 산으로 올라가는 기사를 마을 어귀에서 홀로 배웅하는 사람이 있다. 그 사람은 누구였을까?

A 피에로

B 파수병

Q 3

무시무시한 용의 소리가 들리기 시작했을 때 기사의 마음을 진정시키고 용기를 북돋워준 것이 있다. 그것은 무엇이었을까?

A 들판에 핀 꽃

B 밤하늘의 별

드디어 용과 대결하게 되었다. 기사는 용의 치명적인 약점을 꿰뚫어보고 공격하였다. 어디였을까?

A 용의 머리 부분

B 용의 배 부분

멋지게 용을 무찌르고 장로의 딸을 비롯하여 용에게 잡혀간 마을 사람들을 풀어준 기사는 그 후 어떻게 되었을까?

A 마을에 남아 장로의 딸과 결혼했다.

B 마을을 떠나 홀로 새로운 여행을 계속했다.

Test 42 ;진단 결과

이 테스트에서는 당신이 앞으로 행복해지기 위해 알아야 할 힌트를 준다. 여기서는 당신의 내면을 통해서 '되고 싶은 나'가 되는 힌트, 행복해지기 위한 힌트 등을 알려준다.

 당신의 관심이 어떤 방향으로 향하고 있는지를 알 수 있다

A를 선택한 사람
자신의 내면세계보다 바깥 세상에 관심이 많다. 현실에 잘 적응하고 자신의 일이나 역할을 다하면서 매일매일 의미 있게 보내려고 한다.

B를 선택한 사람
자신의 내면세계나 눈에 보이지 않는 신비로운 세계에 관심이 있다. 한동안 풍부한 감성으로 살아가기 위한 자아찾기나 자신이 있을 곳을 찾기 위한 마음의 여행이 이어질 듯하다.

 당신 안에 있는 또 하나의 자신이 어떠한 사람인지 알려준다

A를 선택한 사람
피에로(어릿광대)는 어딘가 우스꽝스럽고 슬픈 자신을 표현하고 있다. 당신의 내면에는 무대 구석에서 무릎을 감싸고 웅

크리고 있는 피에로처럼 잘나지 못한 자신, 초라하게 느껴지는 자신이 있는 듯하다. 당신의 진짜 인생은 아직 시작되지 않았다고, 아직 자기 차례가 오지 않았다고 생각하는지?

B를 선택한 사람
파수병은 의무나 해야 할 일이라는 틀 안에 갇혀 자유를 빼앗긴 자신을 나타내고 있다. 당신의 내면에는 조직이나 윗사람의 명령을 따라야만 하는 군인처럼 억압받는 자신이 있지는 않은지? 하지만 당신은 언젠가 그 구속에서 벗어나 좀 더 자유로운 인생을 보내고 싶어할 것이다.

 당신의 마음을 치유하고 성장시켜줄 사람을 알려준다

A를 선택한 사람
들판의 꽃은 당신의 감정에 호소하는 자상함을 나타내고 있다. 당신이 마음의 치유와 성장을 원한다면 열린 마음으로 당신을 받아들일 수 있는 친구를 찾으면 좋을 것이다.

B를 선택한 사람
하늘의 별은 당신의 고요한 머릿속에 호소하는 번뜩임을 나타낸다. 당신이 마음의 치유와 성장을 원한다면 당신이 가야 하는 길을 비쳐줄 길라잡이 같은 지도자나 선생을 찾아야 할 것이다.

Test 42 ;진단 결과

 되고 싶은 내가 되기 위한 힌트를 알려준다

A를 선택한 사람

당신이 되고자 하는 모습에 가까이 가기 위해서는 의식적으로 '의지와 결단력을 가지고 과감하게 행동으로' 옮겨보자. 당신에게는 하고 싶은 일이나 해야 할 일이 있어도 아직 준비가 되지 않았거나 때가 무르익지 않았다고 생각해 우물쭈물 멈춰버리고 마는 면이 있다. 때로는 돌다리도 두드려보고 건너는 신중함이 필요하지만, 준비를 다 갖춘 뒤에 무언가를 하려고 한다면 결국 행동으로 옮기지 못하고 끝나버리는 경우가 많다. '우선 해보고 나중에 생각하자.' 이런 마음으로 시작해보자.

B를 선택한 사람

당신이 되고자 하는 모습에 가까이 가기 위해서는 의식적으로 '게으름'을 극복해야 할 것이다. 당신의 마음속에는 '해야 하는 것은 알지만 귀찮아서…….' 같은 게으른 마음과 '할 때 한꺼번에 정리해야지.' 하고 미루는 생각이 있다. 그렇기 때문에 뭐든지 막판까지 시작하지 않으며, 그러다 막상 시작하면 노력은 하지만 마지막에 온 힘을 쏟아붓는 추진력이 없다. 뭐든지 어중간하게 끝나버릴 가능성이 있으므로 평소에 해야 할 일을 쌓아두지 말고, 성실하게 조금씩 실천하는 습관을 들이자.

당신이 '행복해질 수 있는 힌트'를 알려준다

A를 선택한 사람

당신은 힘든 일이 있으면 바로 남에게 의지하고 마는 타입이다. 하지만 의논할 사람을 잘 골라야 한다. 그렇지 않으면 남의 말에 현혹되어 오히려 고민만 더 커질 뿐이다. 당신은 누군가가 정확한 대답을 가르쳐주리라 생각할지도 모르지만, 당신 아닌 다른 사람이 당신 인생을 책임질 수는 없다. 불안을 견디고 자신을 믿는 것이 행복으로 이어지는 열쇠이다.

B를 선택한 사람

당신은 힘든 일이나 고민을 혼자서 짊어지는 타입이다. 하지만 진짜 힘들 때는 남에게 도움을 청하라. 약한 소리를 해도 좋다. 당신은 '남에게 약한 모습을 보이면 약점이 잡힌다.'고 생각할지도 모르지만 당신 주위에는 가족처럼 당신을 걱정해주고 도와주려는 사람이 꼭 있을 것이다. 뭐든지 혼자서 짊어지지 말고 남의 도움을 받는 것이 마음 편하고 행복으로 이어지는 열쇠이다.

친구와 정기적으로
'이야기 상담'을 하자!

머릿속의 생각을 그대로 두면 정리되지 못한 채 사라지게 마련이다. 무언가 하고 싶은 일이 있어도 좀처럼 실천으로 옮기지 못하고 계획만 세우다 끝나버리는 이유는 그 생각이 구체적이지 않기 때문이다.

머릿속의 계획을 실천으로 옮기고 목표를 이루기 위해서는 누군가에게 자신의 생각을 이야기하면 크게 도움이 된다. 먼저 당신의 말을 차분하게 들어줄 상대방을 찾자. 당신은 그 사람과 이야기하는 사이에 '내가 이런 생각을 하고 있었구나.' '이것은 이런 뜻이었어.' 하고 깨닫게 될 것이다. 그리고 저절로 앞으로 어떻게 해야 될지 알게 된다.

좋은 이야기 상대를 찾지 못했다면 '이야기 상담'을 받아보는 것도 좋다. 최근 주목받고 있는 이야기 상담은 이야기를 듣는 기법의 하나로, 전문 훈련을 받은 전문가가 의뢰인의 이야기를 듣고 목표 달성을 위해서 일정 기간 도와준다. 하지만 이것은 비용이 들기 때문에 친한 친구 사이에 매주 한 번 정도 정기적으로 만나서 서로 이야기 상담을 통해 각자의 목표 달성을 도와주면 좋을 것이다.

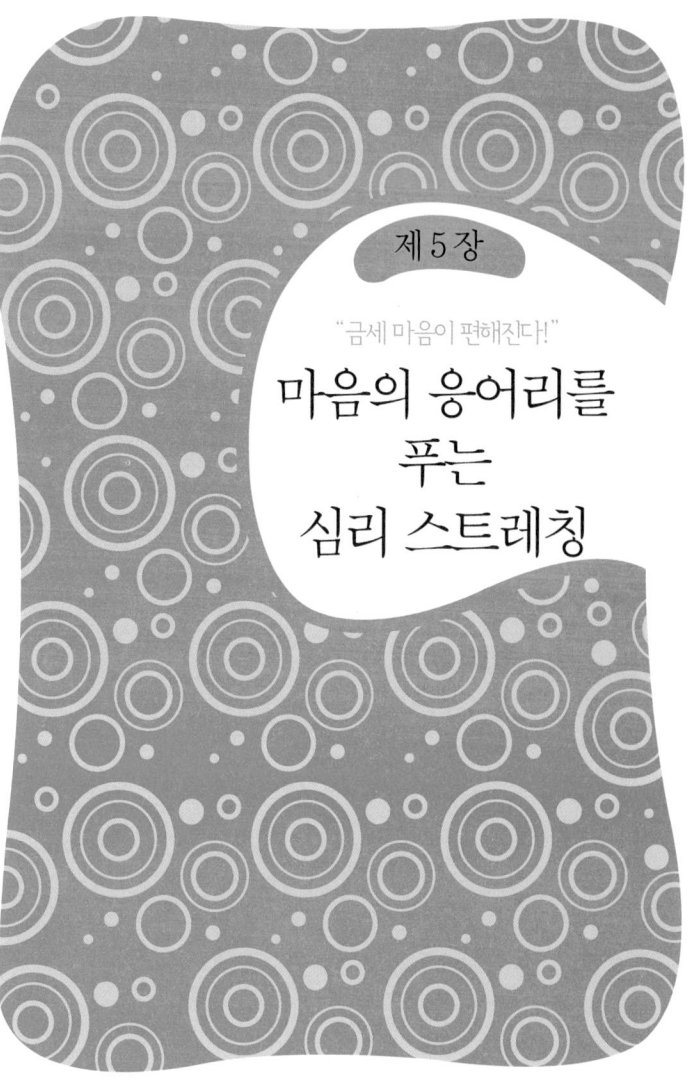

제 5 장

"금세 마음이 편해진다!"

마음의 응어리를 푸는 심리 스트레칭

"자주 마음을 나누세요"

가까운 사람과 더욱 좋은 유대관계를 만들고 싶은데, 소중한 사람을 배려해주고 싶은데 잘 안 된다. 지금 내 삶에서 뭔가 부족함을 느낀다. 생각대로 내 실력을 발휘하지 못한다. 목표로 삼은 이상이 있지만 좀처럼 다가가지 못한다.

만약 이렇게 느낀다면 그것은 당신의 마음 소통이 어딘가 원활하지 않다는 증거일 수 있다. 우리 마음은 자신도 모르는 사이에 굳어지고 움츠러드는 경우가 있다.

이 장에서는 마음의 맺힘이나 부정적인 감정을 풀고, 마음속 깊은 곳의 소통을 원활하게 하는 여섯 가지 연습 문항을 준비했다.
주위 사람들과 더 나은 인간관계를 위해서, 또한 자신의 꿈을 이루고 긍정적으로 살아가기 위해서는 마음의 응어리를 없애고 더욱 유연한 '나'를 되찾아야 한다. 그렇게 하면 반드시 마음이 맑고 자유로우며 매일매일을 창조적으로 보낼 수 있을 것이다.

Stretch 01

둘만의 예술!

연인끼리 친구끼리 혹은 부모님과 함께 해보자.
신기하게도 마음이 통하는 멋진 예술 작품이 만들어진다.

종이와 연필만 있으면 간단히 할 수 있는 '공감 게임'이다. 둘이 짝이 되어 순서를 정한 다음 한 사람이 먼저 종이 위에 선 하나를 그린다. 그 선 끝을 출발점으로 파트너가 선을 잇고, 다시 처음 사람이 선을 이어간다. 이런 식으로 반복하다가 종이에 선이 가득 그려지면, 적당한 때 끝낸다. 완성된 모양은 둘의 공동 작품. 혼자서는 결코 만들지 못하는 예술이다.

'둘만의 예술' 방법

〈준비물〉
- 도화지나 복사지 등 하얀 종이(없으면 노트라도 상관없다)
- 볼펜, 샤프 등 필기도구 한 자루씩

① 첫 번째 사람이 선 하나를 그린다.
누가 먼저 선을 그릴지 정하고 첫 번째 사람이 우선 선 하나를 그린다. 어떤 선이든 상관없다. 긴 선, 짧은 선, 곡선, 중간에 꺾이는 선 등 마음이 가는 대로 그린다.

② 두 번째 사람이 선을 이어간다.
다른 한 사람이 이어받아 선을 그린다. 첫 번째 사람이 그린 선 끝의 어느 쪽이든 한 방향을 기점으로 해서 새로운 선을 그린다. 물론 이때도 어떤 선을 그리든 상관없다.

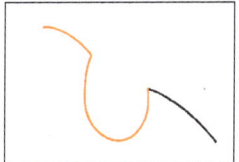

③ 첫 번째 사람이 다시 선을 이어간다.
처음 사람이 상대방이 그린 선의 끝부분에서 새로운 선을 긋는다. 마음 가는 대로 좋아하는 선을 그려본다. 이 과정을 여러 번 반복하여 종이가 거의 채워지면 멈춘다.

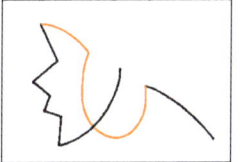

★ 처음에 선을 긋는 사람의 순서를 바꿔가면서 해도 좋다.

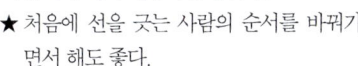

서로 선을 긋기만 해도
분위기가 편안해진다!

선 하나를 긋는데도 상대에게 맞추려고 하거나, 반대로 왠지 거꾸로 그리고 싶은 기분도 든다. 또 "그렇게 오면 이렇게 가야지." 하고 그만 진지해지거나, "평범한 선은 재미없어." 하고 조금 특이한 곡선을 그려보고 싶지 않은가? 그저 선을 그렸을 뿐인데 마음속에서는 많은 생각들이 일어날 것이다.

사람과 만나면서, 혹은 아무리 친한 사람과 같이 있어도 우리 마음은 끊임없이 변하게 된다. 호의나 공감뿐만 아니라 작은 마찰이나 갈등도 생길 수 있다. 그 모든 것들은 서로 이해하고 배려하는 관계를 만들어가기 위한 자극이 된다.

연인 사이나 친구 사이, 엄마와 아들 같은 부모 자식끼리 이 게임을 즐겨보자. 말로는 표현할 수 없지만 왠지 서로의 마음이 누그러지면서 편안한 분위기를 느끼게 될 것이다.

완성된 무늬를 복사해서 그 안에서 모양을 찾아내어 각자 나름대로 색칠해보면 그것만으로도 멋진 예술 작품이 완성된다.

둘이서 선을 이어가는 동안 빈 종이는 가득 차고 모양이 완성된다. 그 무늬는 둘이서 만든, 어디에도 없는 독특한 예술 작품이다.

(응용편) 좋아하는 색을 칠해보자

완성된 그림을 복사한다. 그리고 각자 한 장씩 갖고, 많은 무늬 속에서 모양을 찾아내어 색연필이나 크레용 등으로 색칠해본다. 서로가 같은 무늬 속에서 비슷한 모양을 찾아내기도 하며, 또 전혀 다른 모양을 찾아낼 수도 있다.

Stretch 02

나와 너를 바꾸는 긍정적인 사고

장점과 단점은 안과 겉. 관점을 바꾸면 내가 달라지고 상대방이 달라진다. 긍정적으로 생각하자.

자기 PR이 안 되어서 손해를 보는 사람. 자신감이 없고 자신을 쓸모없는 사람이라고 생각하는 경향이 있는 사람. 또 주위 사람을 비판적으로 보거나, 잘 어울려야 한다고 생각은 하면서도 사람을 대하는 일이 어렵기만 한 사람. 이 같은 부정적인 생각 탓에 점점 자신을 망치고 상대와의 관계가 원활하지 못한지도 모른다. 다음의 연습 문항으로 '긍정적인 발상 전환법'을 익히자.

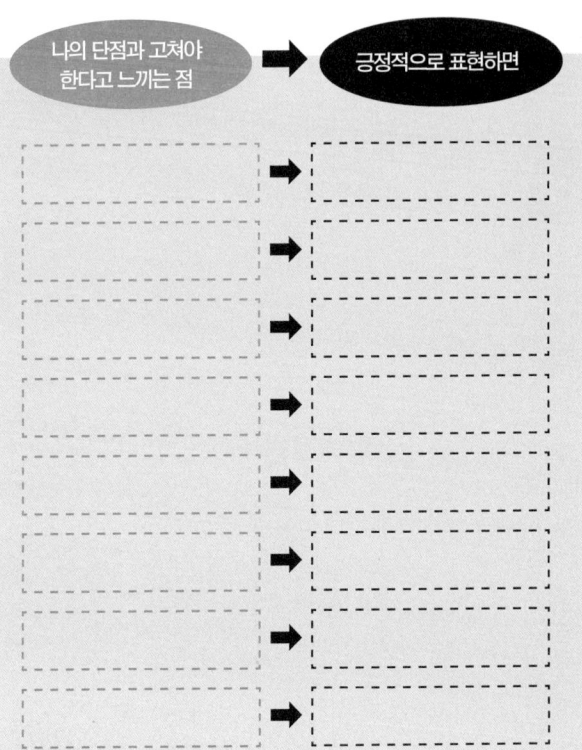

자신을 긍정적으로 생각하지 않는 사람들을 위한 연습 문항

당신이 자신의 단점이라고 인정하는 것이나, 남들에게 이런 점은 아니냐는 비판을 받는 부분이 있으면 왼쪽 빈칸에 생각나는 대로 써보자. 그것을 완성한 후에 이번에는 같은 말을 긍정적으로 칭찬하는 말로 바꾸어 오른쪽 빈칸에 적어보자.

당신의 관점에 따라 상대방도 달라진다

먼저 자신과 주위 사람에 대한 부정적인 생각을 글로 써본다. 그리고 이번에는 같은 말을 긍정적인 표현으로 바꿔본다. 처음에는 조금 어렵다는 생각이 들지도 모르지만 시도해보는 동안에 신기하게도 긍정적인 사고가 가능해진다.

직장이나 학교 등에서 스스로에게나 주위 사람에 대해 부정적인 생각이 들려고 할 때, 오히려 의식적으로 그런 생각을 긍정적인 말로 바꾸어보자. 자신을 긍정적으로 표현하면 주위 사람들도 당신을 긍정적으로 받아들일 것이다. 부정적으로밖에 표현하지 못한다면 주위 사람들도 그런 식으로밖에 당신을 보지 않을 것이다.

또한 껄끄러운 사람을 나쁘게 말하면 관계는 더욱 나빠지지만, 긍정적인 말을 하면 관계가 꼬일 일도 없을 것이다. 긍정적인 사고로 당신의 관점이 바뀌면 상대방도 반드시 달라진다.

○○○의 이런 점이 싫다 →	긍정적으로 표현하면

그 사람을 좋아할 수가 없을 때는……

자꾸만 그 사람의 싫은 구석이 눈에 들어온다면 어떠한 면 때문에 당신이 비판적인 마음이 드는지 짐작 가는 점을 왼쪽 빈칸에 써보자. 그것이 완성되면 이번에는 같은 말을 긍정적이고 칭찬하는 말로 바꾸어서 오른쪽의 빈칸에 적어보자.

Stretch 03

이상적인 남자와 이상적인 여자

떠오르는 이상적인 남성상과 여성상. 그것이 무엇을 의미하는지를 찾아보자. 당신의 마음은 더욱 풍요로워질 것이다.

우리 마음속에는 이성에 대해서 '이런 남자가 매력적이고 멋지다.' 거나 '이런 여자가 아름답고 동경할 만하다.'는 이상적인 이성상이 있을 것이다. 그 이미지는 사람에 따라서 각각 다를 것이다. 당신이 여자라면 '이상적인 남성상'을, 남자라면 '이상적인 여성상'을 떠올려보라. 어떤 성격의 사람일까?

이상적인 남성상(여성상)이란?

여자에 대한 질문 :
"당신이 동경하는 사람은 어떤 남자일까? 이상적인 남성상을 떠올려보고 그 성격을 아래 빈칸에 적어보라."

남자에 대한 질문 :
"당신이 동경하는 사람은 어떤 여자일까? 이상적인 여성상을 떠올려보고 그 성격을 아래 빈칸에 적어보라."

마음속에 그리는 이성상은 실제로 자신이 갖춘 기질

당신이 마음속에 떠올린 이상적인 남자(여자)는 당신이 현실에서 이성에 대해 '이러했으면 좋겠다.'고 바라는 모습이다. 하지만 현실에서 만난 이성은 그 이성상과는 동떨어진 모습일 경우가 많을지도 모른다.
사실 당신이 마음속에 그린 이상적인 남성상(여성상)은 자신 속에 있는 성품이다. 융의 심리학에서 '아니마', '아니무스'라고 부르는 남성 안에 내재된 여성성(아니마), 여성 안에 내재된 남성성(아니무스)이 당신이 꿈꾸는 이상적인 이성의 모습일 수 있다.

자신의 내면을 깨달으면 인간성이 풍부해진다

자신 안에 있는, 여자 안에 내재되어 있는 남성성 또는 남성 안에 내재되어 있는 여성성을 해방시키는 것은 '남자 같은 여자' '여자 같은 남자'가 되는 것이 아니다. 오히려 더 풍요로운 인간성을 획득하는 방향으로 나아가 여자인 당신은 더 매력적인 여자로, 남자인 당신은 더 매력적인 남자가 될 수 있다는 것을 의미한다.

Stretch 04

부모와 배우자가 못해준 일

부모 자식 간이나 부부 등 절친한 인간관계에서 생기는 불만을 해소하고 서로 배려하는 마음을 키우기 위한 연습 문항이다.

당신은 자신의 부모에 대해서 '내가 원하는 일은 아무것도 해주지 않았어…….' 하고 생각해본 적은 없는지?
또 애인이나 배우자와의 관계에서 '나는 당신이 이렇게 해줬으면 했는데 기대에 부응하지 않았어…….' 하는 불만을 품고 있지 않은지?
그런 불만을 해소하고 서로 행복해지기 위한 힌트를 찾아보자.

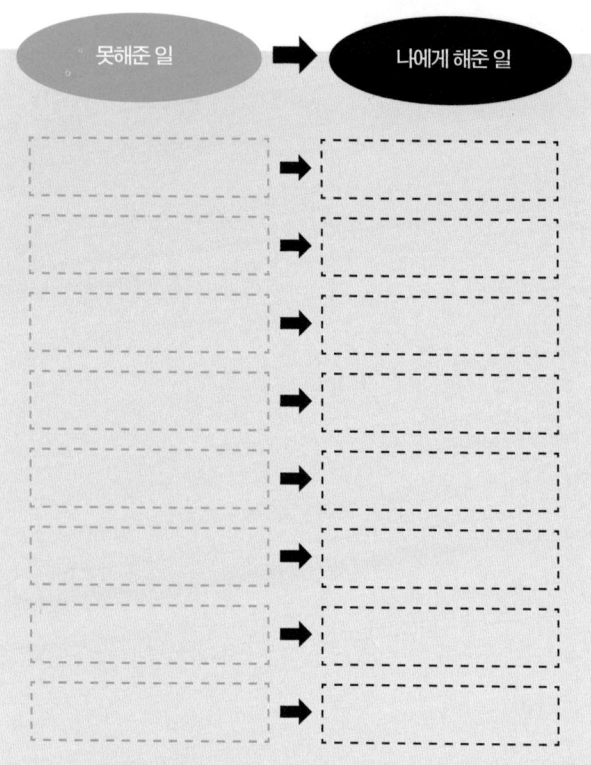

부모가 해준 일과 못해준 일

특히 당신이 어렸을 때 부모가 해주었으면 좋겠다고 생각한 일 중에서 해주지 않은 일을 적어본다. 그리고 해준 일도 생각해본다. 머리에 떠오르지 않는다면 굳이 빈칸을 메우지 않아도 된다.

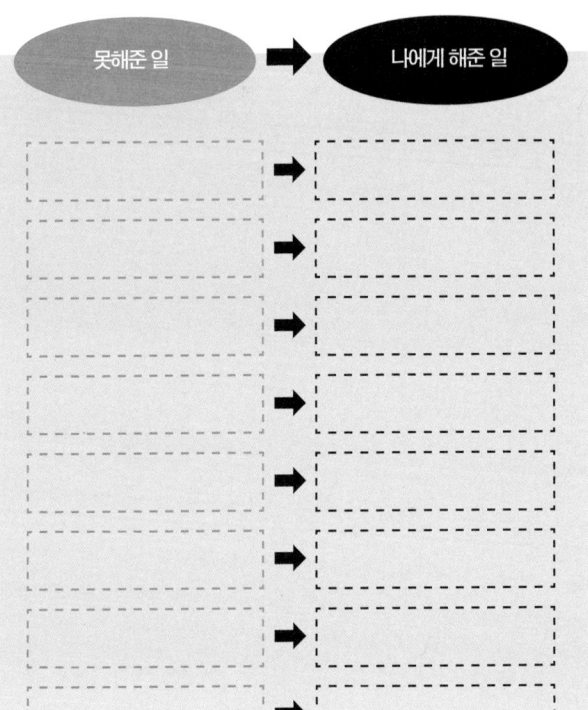

상대방이 해준 일과 못해준 일

현재 당신이 가장 친한 사람을 떠올리고 그 사람이 당신에게 해주지 못했던 일 혹은 해주지 않을 것 같은 일을 적어본다. 또 해준 일이나 해줄 것 같은 일도 써본다.

못해준 것은 부모와 배우자에게 불가능했던 일

안 해준 일만 머리에 떠올라 빈칸을 채우면서 슬퍼하는 사람들이 있을지도 모르겠다. 하지만 안 해준 일들이 기억에 더 강하게 남게 마련이므로 안심해도 된다.

이제는 이렇게 생각해보면 어떨까? 상대방이 '해주지 않은 일'은 사실은 그 사람이 '할 수 없었던 일일지도' 모른다고. 예를 들면 당신의 부모는 당신이 바라는 것을 해줄 수 있을 만한 시간이나 돈, 아니면 마음의 여유가 없었을지도 모른다. 당신의 감정을 파악할 만한 감수성이 없었을 수도 있다. 연인이나 배우자의 경우도 마찬가지다.

반대로 해준 일은 부모나 배우자가 할 수 있었던 것이고 그만큼 여유가 있었다고 생각할 수 있다. 상대방이 할 수 없는 일을 기대해봤자 당신이 바라는 것은 얻을 수가 없다. 그렇기에 되도록 해준 일을 기억하는 것이 좋을 것이다. 아주 사소한 일이라도 상관없다. 감동적인 것은 본래 작은 일을 두고 서로에 대한 이해와 감사의 마음이 생겨나는 법이다.

Stretch 05

나의 추도문을 써보자!

당신이 생각하는 '성실하게 사는 인생'이란? 추도문 스타일로 자신의 이상적인 인생을 적어보자.

고인과의 추억을 적는 추도문. 만약에 당신이 자기 자신의 인생을 친구나 지인의 처지가 되어 되돌아보고, 고인의 성격이나 업적, 인상에 남는 일화 등을 생각하면서 추도문을 적는다면 어떤 내용으로 이루어질까? 신문에 투고할 만한 추도문 형식으로 간단하게 요약해보자.

〈예문〉 **고인 성춘향 씨와의 추억**
중학생 시절의 친구로부터

> '가자, 전국 체전으로!'라는 슬로건 아래 함께 배구를 하며 많은 시간을 보냈던 중학교 시절. 안타깝게도 그 꿈은 이루어지지 않았지만 30대가 되어 결혼한 후에 아이들을 기르면서 '주부배구대회'에 출전하여 20년 후에야 꿈을 이룬 당신은 어쩐지 아주 눈부셨어. 옛날부터 자주 "내 인생은 언제나 상승곡선이야!" 이런 말을 했는데 79살에 이 세상을 떠나는 순간까지도 그렇게 생각했으리라 믿고 싶어. 40년 동안 같이 살았던 남편도 천국에서 당신이 온 것을 기뻐하고 있을 거야. 천국에서 두 분이 느긋하게 온천을 즐기길.
>
> 고인 성춘향 씨와 함께한 추억을 떠올리며 ······

자신의 노년의 모습을 상상하여 그려보자.

고인   씨와의 추억

친구로부터

추도문에 글자 수 제한은 없다. 빈칸이 모자라면 다른 종이에 생각나는 대로 자유롭게 써 본다.

추도문에 적은 자신의 모습은 '이상적인 나'

스스로 써본 추도문에 담긴 자신의 모습은 어떠했나? 그것은 당신이 '이렇게 되고 싶다.'고 바라는 모습, 즉 '이상적인 나'가 아닐까? 우리가 머릿속에 그리는 '이상적인 나'는 단순한 꿈이나 공상이라고만 할 수 없다. 그것은 실현 가능한 것이다.

당신 안에 그런 가능성이 있기 때문에 우리는 '이렇게 되고 싶다.'고 바라는 것이다. 그러한 가능성이 소질로서 혹은 잠재능력으로서 당신의 속에 없다면 왜 이렇게 되고 싶다는 욕구가 당신의 마음속에서 솟아나는 걸까?

당신은 분명히 언젠가는 '이상적인 나'에 가까이 다가가서 결국 실현하고야 말 것이다. 추도문을 통해서 이상적인 나의 모습을 막연한 것이 아니라 더 명확하고 구체적인 모습으로 그려서 스스로의 삶에 방향을 정해보자. 사람은 누구나 '되고 싶은 모습이 될 수 있는' 능력을 갖추고 있다는 사실을 잊지 말자.

Stretch 06

치유를 위한 꾸깃꾸깃 그리기

상처 입은 마음을 자상하게 치유하고 하루하루를 더 긍정적이고 창조적으로 살아가기 위한 연습 문항이다.

우리는 매일매일 여러 가지 일로 스트레스를 받고 긴장하거나 고민하고 상처를 받기 마련이다. 힘든 일, 슬픈 일, 화나는 일도 있을 것이다. 누구나 '위로받고 싶다.'고 생각하곤 한다.

여기서는 흰 종이 한 장을 준비하여 지금까지 힘들었던 일, 괴로웠던 일을 떠올리며 그 종이를 마음대로 꾸겨버림으로써 상처받은 마음을 풀어준다. 그리고는 그 종이를 다시 펴서, 종이에 생긴 주름을 따라서 선을 긋는 행위를 통해 새로운 자기 자신을 발견해보자.

'치유를 위한 꾸깃꾸깃 그리기' 방법

〈준비물〉
- 하얀 종이
- 색연필이나 크레파스, 컬러 매직 등 좋아하는 색깔로 여러 개

① 당신이 지금까지 경험했던 힘든 일, 슬픈 일 등을 떠올리면서 흰 종이를 손으로 구긴다. 이때 당신의 기억을 종이 안에 넣는 듯한 느낌으로 구긴다.

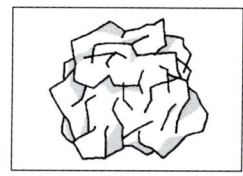

② 다음에 천천히 그 종이를 펼친다. 될 수 있으면 조심조심 천천히 펴도록 한다. 아무리 조심해서 펼치더라도 종이에는 주름이 많이 생겨서 원래대로는 펼쳐지지 않을 것이다. 그 주름들을 가만히 들여다보라.

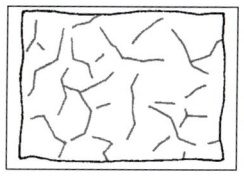

③ 마지막에 색연필이나 크레파스로 종이에 있는 주름을 따라서 줄을 긋거나 좋아하는 모양을 만들어보라. 그리고 마음 가는 대로 색도 칠해본다. 이 작업도 정성껏 천천히 한다.

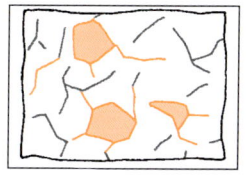

색칠을 함으로써
과거의 상처를 치유한다

아무렇게나 구겨진 종이를 다시 펴서 생긴 주름 위로 색연필이나 크레파스를 이용하여 선을 그어보면 추상화 같은 모양이 생길 것이다. 주름 부분이 당신이 상처를 입은 마음을 나타낸다고 생각하고 조심조심 따라 그려보라. 이 작업을 계속 하면서 "여기까지 정말 열심히 살아왔어." 하고 스스로에게 말해본다.

색을 칠하는 작업은 '치유'의 과정이다. 당신이 느끼는 마음의 상처는 과거에 있었던 일로 인해 생긴 것이다. 결코 지금 일어나고 있는 일에 의해 생긴 상처가 아니다. 즉 색칠 작업은 과거에 받은 상처를 담담하게 치유해가는 작업이기도 하다. 지금까지 당신이 경험한 일이, 당신의 고민이나 답답함을 비롯해 당신 자신의 개성을 만들어온 요소이다.

과거의 자신을 긍정적으로 보고 지금의 자신을 소중히 하기 위해서라도 치유의 꾸깃꾸깃 그리기를 완성해보자. 세계에 단 하나뿐인, 당신을 위한 예술 작품이 만들어질 것이다.

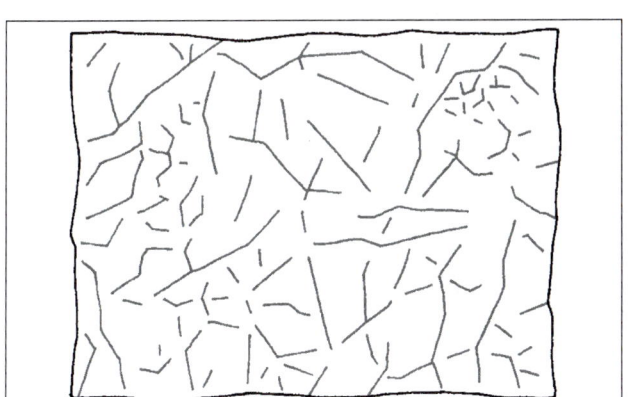

그림 위에 새겨진 주름은 당신의 개성을 나타낸다. 힘든 일이나 답답한 일을 극복하며 만들어진 개성이 드러난다. 마치 예술 작품 같다.

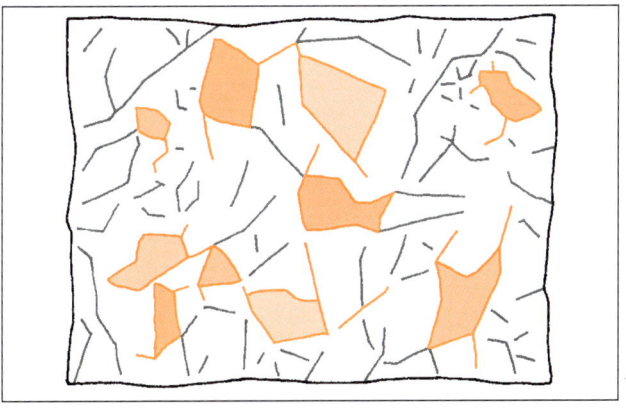

상처받은 마음을 자상하게 다루듯이 종이의 주름을 따라서 좋아하는 색을 칠해보면 당신의 마음의 모양이 완성된다.

| 거꾸로 찾아보기 |

당신이 알고 싶은 진단 항목은 어떤 심리 테스트를 풀어보면 알 수 있을까? 진단 항목에서 심리 테스트를 찾을 수 있는, 편리한 거꾸로 찾아보기이다.

나의 마음과 성격에 대해 알고 싶다

어떤 불만을 갖고 있을까?	Test 01	12
어떤 생각과 자존심을 고집하는가?	Test 02	16
위험회피능력, 당신의 빈틈은?	Test 03	22
인생에서 간과하기 쉬운 것	Test 04	26
진실된 자기 감정을 어떻게 대하는가?	Test 05	30
아무에게도 알리고 싶지 않은 속마음	Test 07	40
어떤 '마음의 전환점'에 직면했는가?	Test 08	44
나를 바꾸고 싶을 때	Test 09	48
발휘할 수 있는 멋진 능력	Test 12	60
제일 겪고 싶지 않은 일	Test 20	106
나의 기질 중에서 제일 신뢰하는 것	Test 25	130
결정적인 순간에 발휘되는 기질	Test 25	130
받아들이고 키우고 싶은 기질	Test 25	130
나는 어떤 나르시시스트인가?	Test 26	138
마음속에 '아이' 같은 부분은?	Test 27	142
무슨 일에 콤플렉스를 느끼는가?	Test 28	146
정신적으로 가장 강한 면	Test 29	150
절망에서 다시 일어서는 방법	Test 30	154
현재 생활에서 무엇을 바라는가?	Test 32	162
어릴 적에 충족되지 않은 소망	Test 33	170
기회를 잡을 수 있는 사람인가?	Test 34	174
자기 성장의 방향	Test 37	190
사람을 받아들이는 방식은?	Test 38	196
살아가면서 중시하는 것	Test 41	210
호감을 얻기 위한 힌트	Test 41	210
남을 위해서 할 수 있는 것	Test 41	210
관심이 어디로 향하고 있을까?	Test 42	218
내 안의 또 다른 나는 어떤 모습일까?	Test 42	218
마음의 치유와 성장을 이끌어줄 사람은?	Test 42	218
이상적인 내가 되기 위한 힌트	Test 42	218
앞으로 행복해지기 위한 힌트	Test 42	218

상대방의 마음과 성격에 대해 알고 싶다

당신을 어떤 친구로 보고 있을까?	Test 14	76
그 사람과의 인간관계 경향	Test 15	80
그 사람의 일에 대한 의식	Test 17	91
그 사람은 상처받기 쉽고 섬세한 사람일까?	Test 22	115
그 사람에게 기대를 해도 소용없는 일	Test 23	118

연애와 결혼에 대해 알고 싶다

빠지기 쉬운 나쁜 남자·나쁜 여자 타입	Test 06	34
연애에서 바라는 자극의 정도	Test 10	52
당신은 사디스트? 마조히스트?	Test 10	52
어떤 연애를 꿈꾸는가?	Test 11	56
결혼하면 어떤 남편(부인)이 될까?	Test 19	102
내면에 숨어 있는 동성애 경향	Test 31	158
결혼에 대한 가치관	Test 35	182
'사랑'이란 무엇일까?	Test 36	186

인간관계에 대해 알고 싶다

단체행동에 대한 적응력	Test 13	68
그 사람을 어떻게 생각하는가?	Test 16	84
앞으로 어떤 인간관계를 만들어가야 할까?	Test 18	98
그 사람과 원활한 인간관계를 이루기 위한 비결	Test 21	110
인간관계에서 실수할 것 같은 부분	Test 24	126
성격이 맞지 않아 불편한 사람의 성격	Test 25	130
인간관계에서 실수하는 원인	Test 32	162
싫어하는 사람에게 취하는 태도	Test 39	200
친한 인간관계에서 스트레스를 느낄 때	Test 40	206

일과 돈에 대해 알고 싶다

타입별 윗사람과 어울리는 비결	Test 17	91
결과를 중시하는가, 과정을 중시하는가?	Test 32	162
일을 더욱 잘하려면 무엇이 필요할까?	Test 32	162
자신의 능력을 키우기 위해 필요한 것은?	Test 32	162
마음속에 있는 '성공 또는 패배' 의식	Test 32	162
능력을 잘 발휘할 수 있는 일처리 방법은?	Test 32	162
어디에 돈을 낭비하고 있을까?	Test 41	210

왜 여우 같은 여자가 괜찮은 남자를 잡을까?
여우의 연애비법

도서출판 이젠
Dr.굿윌 지음 · 이희정 옮김 | 230쪽 | 값 12,000원

카리스마 연애 카운슬러,
Dr.굿윌의 연애 지침서!
남자를 믿지 마라!
더 중요한 것은 남자를 이해하는 것이다 !

갖고 싶은 남자가 있는가?
진짜 괜찮은 남자를 잡고 싶은가?
남자의 속마음을 알아야 연애가 잡힌다!

더 이상 연애 때문에 쩔쩔매지 말라!
Dr. 굿윌이 솔직하게 털어놓는 남자들의 연애 심리!
그리고 이 비법을 깨친 여우들의 성공확률 100% 연애 행동 양식!

3분이면 상대의 심리를 꿰뚫을 수 있다!

3분 심리학

도서출판 이젠
시부야 쇼조 지음 · 이희정 옮김 | 192쪽 | 값 10,000원

상대방의 말(언어)만으로 그 사람의 진심을 알 수 없다!
몸짓, 눈짓을 통해 알아채는 심층심리의 모든 것!
'상대방의 심리'를 파악하고 '인간관계'의 중요성을 되새긴다!

이 책의 저자는 비언어 커뮤니케이션을 기초로 '공간행동학'이라는 연구 영역을 개척하여 사람들의 사소한 몸짓과 행동의 의미를 밝히는 심층심리를 연구하였다. 이 책은 그 연구 결과 밝혀진 인간관계와 연애, 비즈니스 등에 바로 응용할 수 있는 실전에 강한 심리학 개론서이다. 하지만 그 내용이 딱딱하거나 무겁지 않다. 여러 심리 실험과 심리 테스트를 소개하고 있어 저자의 설명에 신뢰감이 더해진다.

IMA NO ANATA NO KOKORO NI YOKU KIKU!
MAHO NO RIARU SHINRI TESUTO
by NAKAJIMA Masumi
Copyright ⓒ 2005 NAKAJIMA Masumi
All rights reserved.
Originally published in Japan by NAGAOKA SHOTEN, Tokyo.
Korean translation rights arranged with NAGAOKA SHOTEN, Japan
through THE SAKAI AGENCY and EntersKorea Co., Ltd.

이 책의 한국어판 저작권은 (주)엔터스코리아를 통해
저작권자와 독점 계약한 (주)이젠미디어에 있습니다.
신 저작권법에 의하여 한국 내에서 보호를 받는 저작물이므로
무단 전재와 무단 복제를 금합니다.

❸ Real Testing
마법의 심리 테스트

초판 1쇄 발행 2010년 8월 20일 **초판 2쇄 발행** 2010년 9월 10일
지은이 나카지마 마스미 **옮긴이** 이희정 **펴낸이** 임요병 **디자인** 이준정
펴낸곳 (주)이젠미디어 **등록** 1992년 5월 21일 제4-177호
주소 서울시 마포구 서교동 447-5 풍성빌딩 2층
전화 02-324-4001 **팩스** 02-324-4002
e-mail editor@ezenmedia.co.kr **값** 8,000원
ISBN 978-89-89006-43-5 14180 **한국어 판권** ⓒ (주)이젠미디어, 2010
※ 잘못 만들어진 책은 구입하신 서점에서 교환해 드립니다.